Fábio Craidy Bührer

EU, A PUBLICIDADE E UM DIVÃ

1ª edição / Porto Alegre-RS / 2017

SUMÁRIO

Prefácio...7
O boneco que não se mexia 9
Antes do apito inicial 13
A necessidade de criar consumidores................15
Até ontem, a Terra era plana 20
A ditadura do novo, do magro e do belo..........24
Entrando na sua mente 30
A arte do amor...36
Ter x Ser...42
Menos fast, menos food....................................47
O chato e o politicamente correto....................52
Eu x Nós...57
Os prêmios! Ah, os prêmios!.............................62
Espiritualidade x Materialismo 67
Ainda não chegamos lá 74

O mundo ainda é machista 78

Não tem como não falar 85

O que queremos das nossas crianças? 90

Entre a cruz e a espada...95

O lado B de cada um 99

A publicidade no divã 104

Por que não eu? Por que não você?............................. 111

Carta aberta aos Diretores de Marketing.................... 116

Carta aberta aos empresários 121

Acalmando a mente e o coração..................................... 127

Pessoas de sucesso.. 132

Uma profissão em que a experiência
diz muito, mas não diz tudo 137

Dá para fazer um consumo consciente? 141

O poder da escolha 145

Bem-vindo a 2076.. 150

Quais são todas as respostas?.. 156

O lado bom da publicidade... 161

Respeitando o prato em que comi 165

Do outro lado do muro... 169

Você escreve a partir de agora 173

Agradeço a Deus, à vida e a todos que
passaram e passam pelo meu caminho.
Um dia, me perguntei:
"Por que eu fiz Publicidade?".
E o tempo respondeu: "Por este livro".
Gratidão por tudo.

PREFÁCIO

    Um sonho. Uma história. Um trabalho. E uma vida. Não sei exatamente se eu passei pela publicidade ou se ela passou por mim. O que fica claro no meu coração é a certeza de estar realizando algo maior do que aquilo que nem sabia que iria propor. Ou sabia e apenas esqueci com o passar de algumas horas desse tempo infinito que nos acompanha. E não existe. Entreguei meu suor e minha vontade durante todo o exercício dessa profissão.

    Eu, publicitário. Foram dias de muita luta, de diversas reuniões incansáveis, de algumas noites sem dormir e de alguns finais de semana com foco total no trabalho. Sempre aprendendo muito com todos que passaram pelo meu caminho: profissionais da área, amigos, familiares e quem, de uma forma ou outra, participou da minha trajetória. Seja profissional, seja da própria vida. Carrego todas essas pessoas nestas linhas que escrevo, mesmo que muitos discordem do tema tratado e das abordagens sobre diversos assuntos em que a publicidade é mostrada sob outro ponto de vista. Muitas vezes, olhamos somente para a luz, esquecendo que também é necessário visualizar o que fica na sombra. Esta é uma obra que continuará em aberto, mesmo depois do seu final. Não tem um caráter ditatorial, sem querer enxergar o olhar do outro e seus comentários. Acima de tudo, tem a responsabilidade de falar em nome de muitos que pensam da mesma maneira e daqueles que não têm voz. Aqueles que o tempo cala, que a economia massacra e que o sistema ignora enquanto continua a girar.

Eu, Fábio. Neste encontro comigo, comecei a perceber com mais profundidade o caminho que estava trilhando como profissional e aquilo que já não se vinculava a tudo que acreditava e acredito. Nos pensamentos contínuos da certeza dessa proposta, visualizei a história daquele que precisa sair do vilarejo, subir a montanha e olhar o povoado mais de longe. Esse afastamento, depois de estar completamente vinculado a todo esse mundo da publicidade, permitiu que as palavras brotassem com ainda mais naturalidade, sem medos, pudores ou orgulhos a serem trabalhados. Era fundamental apenas entregar. Uma entrega que decidi fazer não apenas por mim, mas por todos aqueles que ainda nem nasceram e logo vão habitar este planeta e encontrar em muitas situações os problemas e as questões citadas neste livro. Sabedor da minha limitação, entendo que muitos poderão ir além, trazendo novas luzes a muitos outros pontos desenvolvidos ao longo do texto.

Antes de você abrir a próxima página, com gentileza entrego um abraço e peço que a sensibilidade do mundo que se aproxima acompanhe os seus passos. Neste instante, um filme se desdobra pela minha mente, com todas as retas e curvas trilhadas até agora. O silêncio se faz absoluto. Nesse silêncio, escuto Deus. E compreendo que algo maior se faz presente em tudo que nos cerca. Absorvido por esse amor maior, o convite para a leitura surge com muita humildade. A humildade em dizer, reforçando o pensamento: "Só sei que nada sei".

O BONECO QUE NÃO SE MEXIA

Meu nome é Fábio Craidy Bührer. Nasci na cidade de Ijuí, interior do Rio Grande do Sul, Brasil. Tudo começou em 8 de setembro de 1973, pelo menos nesta fase desta encarnação. Comecci a trabalhar com publicidade durante a faculdade, na cidade de Santa Maria, onde cursei Comunicação Social – Publicidade e Propaganda, na Universidade Federal (UFSM-RS). Você deve estar se perguntando sobre esse salto que fiz do nascimento para a entrada no curso. O objetivo é passar rapidamente para os pontos que considero mais relevantes para a proposta deste livro, motivando novos pensamentos, outras leituras, críticas e até mesmo a completa discordância, mas sempre com um objetivo em mente: gerar novos caminhos para a evolução do que é a publicidade e do que ela representa no mundo em que vivemos.

Voltemos ao começo de tudo, quando eu ainda era muito pequeno. O comercial de TV que marcou a minha vida e que nunca esqueci tinha um boneco como personagem principal. O brinquedo, sem a ajuda de ninguém, mexia os braços, batia as pernas e encantava com os seus movimentos. Eu queria aquele boneco. Tinha ficado impressionado com tudo aquilo e o pedi para meus pais. Em um momento inesperado, lá estava a caixa fechada, envolvida por um papel de presente. Não pensei duas vezes. Tinha certeza absoluta de que ali dentro estava o boneco que tanto queria. O tamanho da minha expectativa era gigante, do mesmo tamanho que foi a decepção logo após abrir o pacote. O boneco estava parado, completamente diferente do que eu tinha visto na televisão. Acredito que não chorei somente para não decepcionar os meus pais. Minha mãe lembra bem da história até hoje: "Tu olhou pra mim e disse: mas ele não se mexe".

O incrível boneco que parecia ser maravilhoso não se mexia sozinho. Era preciso utilizar as próprias mãos para fazer os seus movimentos. Só que no comercial tão bonito isso não acontecia. Como não perceber algo tão claro? Nada é tão óbvio assim para uma criança muito pequena que olha o mundo com pureza. Ela acredita no que você falar, se disser com convicção. Aquele comercial fazia isso, com impacto na forma, nas cores e na mensagem.

Guardemos isso na memória para pular algumas etapas e seguir até o tempo da escola, quando, quase no final do 2º Grau, hoje Ensino Médio, decidi fazer o vestibular para Publicidade e Propaganda. Antes, pensei em muitas outras profissões. Aquilo que realmente sempre quis ser desde pequeno era jogador de futebol, mas não tinha talento suficiente. A certeza veio em um jogo fatídico, na final de um campeonato da escola. Eu estava lá, era titular. O jogo, difícil, permanecia zero a zero, até que a bola sobrou dentro da área e chutei sem deixá-la picar. Ela foi no ângulo. Um golaço que poucos conseguiriam fazer. Um detalhe importante: foi um gol contra. O goleiro caiu em um choro profundo, sendo consolado pelo meu pai, até decidir voltar a defender o time. Por sorte, um amigo empatou o jogo, que foi para a decisão por pênaltis. Não preciso nem falar que errei uma das batidas. Pronto. Ali era o fim do ciclo e do sonho. Depois disso, pensei em ser dentista, médico (apesar de não poder ver sangue), entre outras possibilidades. Mas nenhuma delas aconteceu. Era para eu ser publicitário mesmo.

A faculdade não era oferecida na minha cidade natal, por isso a decisão de ir para Santa Maria. No primeiro ano, não entrei, fiquei muito perto. Na segunda tentativa, meu nome estava no listão. Durante a faculdade, comecei a trabalhar. Primeiramente, vendendo espaços publicitários para o jornal do DCE. Foi muito bom porque só depois fui aprender que todo publicitário precisa ser um bom vendedor. E não era fácil. Tinha que gastar a sola do tênis para visitar muitas empresas. Em muitos locais pediam para voltar outro dia. E, muitas vezes, demoravam para decidir se iriam anunciar ou não. O segundo passo: queria entrar em alguma agência. Antes disso, queria fazer um estágio em São Paulo na época das férias, o que foi realizado em duas agências: W/Brasil e DPZ. Apesar de estar no começo de tudo, tinha a noção de que estava em grandes agências, mas só mesmo depois de algum tempo percebi realmente que estava em duas das melhores agências do país. A volta para Santa Maria foi feliz, pois não era minha intenção morar em São Paulo, apesar de ter sido convidado por um dos Diretores de Criação da DPZ na época, Murilo Felisberto, para voltar e fazer outro estágio. Em seguida, consegui um estágio em uma agência em Santa Maria, que se encerrou depois de alguns meses. Fui convidado para ficar. Durante a faculdade, trabalhei todo o tempo nessa empresa, saindo somente quando formado, para trabalhar em Porto Alegre. Já na capital gaúcha, recebi a notícia de que tinha sido eleito o Redator do Ano no Salão de Propaganda de Santa Maria, evento de valorização ao segmento no interior do Rio Grande do Sul. No dia da premiação, eu não estava lá. Um amigo subiu ao palco no meu lugar. Claro que eu queria estar presente, o orgulho também despontava (o que iremos falar adiante), e aparecer cada vez mais seria importante para o futuro da carreira. Mas não consegui conciliar a viagem com o trabalho. E, entre uma agência e outra, passei por algumas das maiores do Rio Grande do Sul.

Esse brevíssimo histórico se torna importante para as páginas que vêm a seguir. Você é meu convidado para essa viagem. Aproveite e fique livre para concordar ou discordar dos pontos colocados, mas não se abstenha de refletir. Chegamos a um estágio em que não podemos mais fechar os olhos para tudo o que acontece na publicidade. Quem pode mudar isso? Eu, você e quem assim desejar. Tenho certeza absoluta de que este livro é muito pequeno no Universo. Mas, como diz o provérbio, "uma longa caminhada começa com o primeiro passo". Vamos lá?

ANTES DO APITO INICIAL

Antes de tudo, precisamos colocar alguns pingos nos "is". Sabemos que o mundo da publicidade já mudou muito e muda constantemente. Neste livro, vamos tratar as empresas como "agências" em muitos momentos, mesmo sabendo que os nomes utilizados surgem com novidades a cada novo formato estabelecido em outras especificações. Tem gente que diz que a antiga "agência" agora é geradora de conteúdo, é empresa de entretenimento, também é digital, é isso ou aquilo. Quando se fala em publicidade, pode-se ler como "conteúdo", "interatividade", "digital" e mais ilimitados novos nomes e formatos. Não é o momento para se prender em caixas, porque os termos confundem muito aquilo que não precisa de nome. Se a embalagem mudar daqui a cinco anos, não tem problema, utilizaremos o mesmo termo apenas por questões técnicas, senão a cada novo comentário teríamos que colocar um asterisco com tudo que cada empresa vende como "novo". É importante salientar essa questão porque, na sequência, alguém pode dizer: "Ah, mas isso nem existe mais", "Agência já morreu", "Empresa assim já ficou para trás". Podemos apresentar o conteúdo de diversas formas, mas temos que construir o livro em cima de nomes e situações para podermos ter uma base. Então, sim: vamos falar de "agências" e "publicidade". E são esses os nomes que vamos manter no decorrer das próximas páginas. Portanto, leia-se "agência" e "publicidade" como tudo que envolve esse mundo das ideias que vendem, abrangendo, entre outras ferramentas, anúncios, comerciais de televisão, *spots*, *banners*, sites, embalagens, promoções, *merchandising*, disposição de produtos no ponto de venda e tudo que alguém quiser complementar.

Outro ponto a ser destacado: o livro está baseado com ênfase na cultura brasileira, em que a diferença econômica entre classes é grande. Por isso, o foco está no que acontece nas nossas comunicações, pois avaliar o que ocorre em cada país ao redor do mundo seria muito complicado. Mesmo assim, diversos pensamentos podem ser levados a um nível global. E, por último, um ponto que merece atenção ainda mais especial: se você ou sua empresa não apresentam nenhuma das "sombras" comentadas neste livro, parabéns. E obrigado, pois é o exemplo que desejamos para outras empresas e para as futuras gerações. Se existe algo a ser melhorado, vamos em frente pelo caminho da mudança. De qualquer forma, a leitura se torna convidativa para evoluirmos como sociedade.

A NECESSIDADE DE CRIAR CONSUMIDORES

Todas as empresas precisam vender suas ideias, seus produtos e serviços. É assim que a roda da humanidade se movimenta – pelo menos no mundo capitalista. E é bom que se diga já no começo que este livro não está nem do lado capitalista, nem do lado socialista. Alguém tem algo a oferecer para outro alguém que vai comprar. E é preciso estimular essa venda a ponto de o cliente desejar o que está sendo oferecido por essa empresa, e não pela empresa concorrente. A necessidade de precisar de algo pode ser real, com base em pontos precisos da vida de cada um. Precisamos de um carro, precisamos de uma casa, precisamos de uma roupa nova ou apenas almoçar no restaurante "A" ou "B". Estamos todos os dias fazendo escolhas. A escolha de comprar algo faz girar os negócios, movimentando o dinheiro.

Conectados nessa base, saímos da publicidade antiga, que vendia apenas características dos produtos pura e simplesmente, para a publicidade baseada nos comportamentos. Se uma empresa precisa se destacar, primeiro precisa ter um foco. Ninguém vende tudo para todo mundo. E trabalhar esse foco de atuação também é trabalhar o consumidor, mostrando para ele um modelo de comportamento em que ele pode se encaixar, com pessoas que pensam também no mesmo sentido. É por isso que a guerra de *marketing* é muito mais psicológica do que real, porque as pessoas buscam fora de si mesmas aquilo que acreditam ser realmente. Quando analisam profundamente seus gostos, seus estilos e por que estão comprando, a emoção entra em cena. É o desejo de pertencer a um grupo específico, fazendo parte de um nicho determinado, aparecendo para os amigos por suas escolhas, e não pelo que realmente se é desde o começo da existência. Digo desde o começo porque somos moldados desde que nascemos, e isso continua a cada dia, a cada novo segundo, de acordo com o que os outros querem que sejamos.

Apesar do livre-arbítrio que temos, todos os pontos de nossos contatos trazem mensagens para agirmos de determinada maneira. Entramos na questão básica de tudo, destacando a importância da educação. Um povo inteligente é muito mais difícil de ser dominado. No entanto, construir essa educação que compreende além do que se vê na parte rasa é mais difícil do que parece, pois o indivíduo já nasce em um grupo familiar que pensa de determinada maneira e vai aprendendo com o que outros seres humanos, também com ideias preconcebidas, já descobriram. É por isso que uma sociedade tem poucos gênios, poucos desbravadores, poucos pensadores e poucos sábios que realmente mudam a história com suas ideias, porque as crianças são talhadas desde pequenas a serem o que nem elas sabiam que desejavam ser. A sociedade não abre totalmente os caminhos para fomentar essa inteligência e essa maneira de compreender o mundo com um olhar diferente. A zona de conforto de alguns entra em uma faixa de sintonia em que tudo deve permanecer como está para o andamento continuar da forma como é. Só que vemos um mundo muito doente, em que as pessoas estão sofrendo cada dia mais, a desigualdade é grande e a depressão vai se tornando um mal gigantesco, atingindo mais e mais pessoas.

Alguém pode estar dizendo neste momento: "Mas a publicidade não tem nada a ver com isso". Sim, a publicidade tem muito a ver com isso, porque é o maior combustível de um sistema que vive de vendas. Querendo ou não, é ela que impulsiona esse consumismo, através de ideias que bombardeiam o mundo a cada segundo, ininterruptamente. Claro que não podemos ser ingênuos a ponto de dizer que a publicidade é a grande vilã de toda a história. Vivemos em uma sociedade consumista e adotamos o modelo capitalista, baseado na livre oferta e procura. Repetindo: não vamos entrar no mérito de sistemas, porque, ao meu ver, ainda não encontramos o modelo perfeito de vida para o planeta Terra. Quem disse que os modelos que podem ser escolhidos como os melhores são apenas os que existem no momento? Ou que já existiram? Tudo pode acontecer até chegarmos a um dia em que vamos encontrar um outro sistema de convivência, hoje ainda não definido.

E, realmente, é esse novo modelo que acredito que um dia vai imperar. Um modelo que não conhecemos ainda por nenhuma teoria, em que todos, absolutamente todos, poderão se chamar de irmãos e dividir esta mesma casa com dignidade, paz e amor, acima de tudo. Para isso acontecer, é necessário começarmos a desconstruir o que está construído, analisando que essa aparente perfeição em bases sólidas não é tão perfeita assim e não é tão sólida quanto aparenta, porque essas bases são apenas defesas que alguns costumam se beneficiar em detrimento da humanidade como um todo. Uma proteção que acontece pelo poder, pela aquisição de mais dinheiro e de mais prestígio.

Passando por tudo isso, voltamos à necessidade de se forjar consumidores. É você quem compra essas ideias, é você quem quer pertencer a um grupo determinado, é você quem adora tanto uma marca que chega ao ponto de usar um adesivo dela no seu carro. Isso é ruim? Não é questão de ser bom ou ruim, é um ponto a se refletir por estarmos cada vez mais acreditando no que é material, que aquilo vai gerar uma sensação de conforto ou pertencimento, quando, no fundo, você já pertence a si mesmo. Você é parte de um Universo maravilhoso, cujo tamanho sua mente não consegue nem imaginar. Estamos apenas em um estágio da história e em um pequeníssimo ponto deste Universo. O que você está fazendo de você e do mundo é o que você gostaria de ser e fazer realmente ou você apenas se acostumou, desde que nasceu, a continuar assim? Acredite: você também é um consumidor forjado. As empresas precisam do seu dinheiro para continuar. E não estou falando que você não pode comprar um produto ou serviço, porque, obviamente, todos nós precisamos de produtos e serviços para viver. A questão é outra e muito mais profunda. É sobre pensar na maneira como se compra. É por impulso? É pela emoção? É pela necessidade? É para agradar a família ou para ostentar poder para o vizinho?

A provocação é para seguir adiante e começar a compreender um pouco mais. Pode acontecer de estarmos vivendo a verdadeira era dos robôs. Não aqueles de lata, mas nós mesmos: sendo teleguiados pela própria mente, fazendo tudo igual em mais um novo dia, desde a hora de acordar até o momento de dormir, e, infelizmente, acreditando que estamos fazendo diferente, que não estamos sendo guiados no nosso livre-arbítrio. E, ao reconhecer o livre-arbítrio puro e simples, ficamos felizes em achar que estamos aproveitando essa liberdade. Só que esquecemos, muitas vezes, que a liberdade aparente pode ser uma prisão de nós em nós mesmos, em que ainda não percebemos totalmente aquilo que somos e tudo o que nos cerca. Chegou a hora de despertar.

ATÉ ONTEM, A TERRA ERA PLANA

Quando uma parte da sociedade tem o desejo da mudança, muitas correntes têm a força de persuadir e, de uma maneira sutil, dizer o que é certo e o que é errado. A grande multidão segue falando "sim", pensando em uma faixa vibratória muito parecida. Essa multidão sonolenta vive igual. Isso lembra o experimento dos macacos. Você já deve ter ouvido essa história muitas vezes. Para quem não conhece, rapidamente vale repetir. Foram colocados alguns macacos em uma jaula e, após, um cacho de bananas. Quando eles corriam para pegar as bananas, um jato forte de água molhava todos, impedindo a ação. Um macaco novo, que não tinha passado pela experiência, foi colocado na jaula, e um que tinha passado pela experiência foi retirado. Quando esse macaco novo foi pegar a banana, os outros o impediram com medo da água, sendo que a água nem precisou ser acionada. Assim, ocorreu a substituição de todos os macacos. No final, nenhum dos novos macacos tinha sido molhado, mas quando um novo macaco entrava na jaula para pegar a banana, era contido pelos outros. Eles apenas sabiam, por condicionamento, que não podiam fazer isso. Esse exemplo vale para todos nós que, em muitos momentos da vida, perguntamos para alguém: "Por que você está fazendo isso dessa maneira?". E a resposta imediata é: "Não sei, sempre foi assim".

É só voltarmos um pouco na nossa história e prestarmos atenção no pensamento de nossos antepassados. Pegue a máquina do tempo e faça essa regressão. Frases vão pulsar em cada esquina: "A Terra é plana" e "O Sol gira ao redor da Terra". O que parece um absurdo hoje era uma certeza absoluta ontem. Tudo que pensamos e fazemos agora de uma maneira tão óbvia talvez seja visto como algo completamente absurdo quando o filho do neto do filho do bisneto do seu filho estiver aqui. Somos passageiros deste tempo e precisamos fazer o nosso melhor para construirmos um mundo mais humano para quem vem depois da gente. Se você olhar para o lado, terá a certeza de que a humanidade não está 100% alinhada no amor e no perdão. Se isso fosse real na sua pureza completa, não veríamos tantas guerras, tantos atos de maldade e tantas crianças ainda morrendo de fome pelo mundo.

Lembro-me de um professor que eu tinha na escola, um homem muito inteligente, que sempre olhava para os alunos e dizia que não queria que decorássemos nada, pois queria que aprendêssemos a pensar. Química não era o meu forte, mas adorava ouvir isso, porque foi algo em que sempre acreditei e continuo acreditando. Não adianta decorar a tabela periódica e o nome do rio que cruza o interior do Amazonas. É preciso mais, é necessário investirmos nosso suor para que o outro amplie os próprios horizontes e acredite no seu potencial. Decorar tudo e parecer inteligente é muito diferente de ser um pensador. E isso está faltando na sociedade como um todo: pensadores da humanidade e pensadores da própria vida. Essa compreensão de olhar o rio e já ver o mar, de olhar a chuva e já sentir uma flor nascendo, de olhar uma criança e já prever o futuro que ela pode ajudar a construir. Se apenas enxergamos o rio, a chuva e a criança, estamos observando muito pouco, apenas o que está a poucos centímetros do nosso nariz.

Falando em escola, entra em cena a importância de quem está adiante e já viu um pouco mais da estrada, mostrando que o mundo não tem embaixo, nem em cima; tudo é apenas relativo e varia de acordo com o ponto de vista adotado. Por isso, sempre quis ter um professor que rasgasse o mapa-múndi e colocasse o globo no lugar. Um globo solto e livre, pois o aluno que o observa vai crescer e, um dia, quando olhar o Sol no final da tarde, vai sorrir e sentir a Terra girando. Ele vai ter o olhar diferente, não vai ver o Sol baixando como se estivesse se pondo e também não vai dizer: "Olha, o Sol está indo embora". O Sol nunca vai embora. Seja no final do dia, seja naquela tempestade às três horas da tarde, em que o céu fica completamente escuro, o Sol continua sempre ali. E quando a noite vem chegando, uma coisa é certa: é a gente que se esconde dele, como também nos escondemos dos nossos próprios pensamentos verdadeiros, aqueles que precisam brotar cada vez mais, dando força para tudo aquilo que já está dentro de nós e que precisa apenas florescer com intensidade, em um contínuo acordar.

Com certeza, neste ponto do livro, alguns podem estar dizendo: "Mas isso tudo é irrelevante". Outros podem falar: "Concordo em gênero, número e grau". Nas polaridades diferentes dos pensamentos, uma coisa é certa: cada um está dando margem a sua própria história, refletindo sobre argumentos que podem ser derrubados, combatidos, aceitos, renovados, mas, acima de tudo, que merecem ser respeitados, porque a Terra, queiram ou não, realmente não é plana.

A DITADURA DO NOVO, DO MAGRO E DO BELO

Basta olhar para os lados e ter a certeza: vivemos muitas cenas de um mundo falso dentro de um mundo real. São os olhos através de uma lente muito distorcida em vários aspectos. As fotos de campanhas publicitárias são retocadas com processos de manipulação até atingir o ponto ideal de perfeição, as cores dos materiais são utilizadas com a intenção de atingir o inconsciente das pessoas com objetivos bem definidos, o olhar de uma modelo em um anúncio ou em um comercial de televisão trabalha com pontos muito bem preparados. A inocência com que se enxerga através dessa lente pode ser perigosa, dependendo da maneira que se está sintonizado. O mundo material se fortalece para ele mesmo, criando regras e estereótipos do que é maravilhoso e desejado, indo na direção de que tudo funciona, claro, se você for novo(a), magro(a) e belo(a). É preciso ter um corpo perfeito, é preciso ter o carro do ano, é preciso ter a TV de última geração, é preciso, é preciso e é preciso. Essa criação de necessidades atua sobre os consumidores desde a hora que acordam até o momento em que vão dormir, com uma enxurrada de "é agora", "hoje ou nunca" e "ou você está dentro deste processo ou está fora do sistema, como um ser de outro mundo".

Fazer os consumidores pensarem dentro de uma mesma caixa lembra a história dos macacos. Estamos em uma jaula e não evoluímos em compreensão, em novos pensamentos e em novos caminhos porque a velha máxima impera, sendo que sempre vai ter quem vai olhar para você e dizer: "Não mexe nisso, não. Está tão bom assim". Mas bom para quem? Bom para um sistema que fortalece uma minoria, se pensarmos em termos de um globo que abriga um número gigantesco de pessoas que não têm as mesmas oportunidades. Enquanto um jogador de futebol pode ganhar milhares de dólares em uma semana, uma criança morre de fome. Não estou dizendo que o jogador não fez por merecer, estou dizendo que, quando tanta disparidade acontece ao nosso redor, alguma coisa está completamente errada. Temos que assumir a responsabilidade de calar ou falar, pensar ou deixar acontecer. Cada um com as suas escolhas e com aquilo que acha correto. Novamente, não se está dizendo que existe uma culpa de apenas um setor, como a publicidade, porque culpa não seria a palavra apropriada. Existe a responsabilidade de também estimular todo esse consumismo exacerbado a cada novo segundo.

Certa vez, li o artigo de um publicitário que comentava sobre a velha história do homem que chega em casa e vê sua mulher o traindo em um sofá. Para resolver o problema, ele coloca o sofá fora. Naquele texto, a ideia principal era que a publicidade não podia ser culpada por ser o sofá. *Ok*, é um pensamento lógico. Porém, não podemos ser tão ingênuos a ponto de querer colocar a publicidade nessa história somente como o sofá, porque ela é muito mais do que isso. Ela é a oportunidade, o perfume no ar, a sintonia que se fez, o momento ideal e o segundo da ação. Ela é a chave na porta da casa que já estava aberta e a janela destrancada para o outro fugir, caso o marido chegasse de repente. Claro que a responsabilidade está em todos nós, no livre-arbítrio de escolher comprar um produto, serviço ou ideia. Mas esse livre-arbítrio, se pensarmos sem amarras ou defesas pessoais de interesses próprios, veremos que é direcionado, proporcionando a formação de uma cultura que se perpetua aos poucos, porque a mudança é gradual. Até ontem, assistíamos a comerciais de cigarro na nossa querida televisão. Lembram-se daqueles filmes que relacionavam diversos tipos de esporte ao cigarro? Existe algo mais fora de contexto e surreal do que relacionar cigarro a esporte? Somos um espelho de nós mesmos quando não queremos mudar nada e também quando decidimos agir para uma reforma íntima. Essas mudanças que movem o mundo criam novas maneiras de agir e pensar. Se, mentalmente, projetarmos um futuro muito distante, será que tudo vai ser como hoje? Talvez no amanhã compreenderemos que somos o cigarro do comercial de ontem em muitos aspectos. Alguém do futuro pode nos olhar agora e perguntar: "Por que fortaleciam a cultura de uma beleza irreal? Por que criavam a angústia do ter? Por que a necessidade de adquirir de uma forma abusiva?".

Oliviero Toscani (fotógrafo italiano que criou campanhas publicitárias polêmicas para a marca Benetton na década de 1990) já dizia que "A publicidade é um cadáver que nos sorri". Não estou aqui defendendo o autor da frase, nem as suas campanhas, porque o detalhe aqui é a frase em si. Quando ainda estava na faculdade, assisti a um debate entre o próprio Oliviero e um importante publicitário de uma das maiores agências do Brasil. Muito brabo com as ideias do italiano, ele se irritou e disse: "Eu ganhei 40 vezes mais prêmios que você. Na minha agência, tenho 20 publicitários que ganharam mais prêmios que você". Eu, que sempre gostei de criar e defendia a importância da publicidade, não acreditei no que estava ouvindo. Um senhor inteligente, com toda a sua classe, parecia voltar ao tempo de criança quando se diz: "Meu pai é mais forte que o seu". A proposta do debate era pensar mais profundamente, não saber quem ganhou o prêmio X ou Y, mas analisar o porquê de a publicidade ser o cadáver que sorri.

Volto a repetir, para que os radicais não imprimam a cultura do absurdo falando que sou contra a publicidade ou qualquer coisa dessa natureza: a ideia inicial que segue sendo o carro-chefe do livro e de seus argumentos é fazer compreender, olhando um pouco mais além do horizonte, não o que queremos seguir perpetuando, mas como podemos melhorar o que viemos fazendo. Na ditadura do novo, do magro, do belo e do ter em vez de ser, vamos nos distanciando do nosso "eu superior", do ser espiritual que somos e do fato de que viemos a este plano para viver um período neste corpo que cada um habita. Seguir apenas o aspecto material e vivenciar essa ilusão é um afastamento gradual daquilo que realmente é essencial: o encontro de cada um consigo mesmo, vendo os próprios defeitos e tentando melhorar. Só que, seguindo a cultura do que se assiste em grande parte dos comerciais, vemos um mundo que vende ideias que não contribuem para a mudança que desejamos. De que adianta ter um carro que anda de 0 a 100 em pouquíssimos segundos e atinge mais de 200 quilômetros por hora se a cada dia milhares de acidentes matam pessoas pelas nossas estradas? Então, campanhas de conscientização aparecem como salvadoras da pátria. Os dois lados parecem gladiadores em uma arena, um vendendo a ideia de um carro muito veloz e o outro advertindo: "não corra". Infelizmente, ainda muitos aspectos deste mundo estão pedindo mais a perfeição do que é material do que da própria moral.

Vemos que uma grande parcela das pessoas vive este sistema de "preciso ter agora, senão os outros vão pensar que não tenho condições, não estou adequado aos modelos de pensamento e estou fora dos padrões de beleza". O não ser aceito cria medos, gera angústias e também traz depressão. Tudo porque muitos entram nessa ansiedade extrema e eterna pela busca do que nunca será completo. Porque o que torna o ser humano completo está na sua busca espiritual e em si mesmo, na sua plenitude. Obviamente, precisamos do material porque precisamos comer, dormir, vestir e viver, mas podemos pensar sob outra ótica. A ótica do bom senso, do que realmente precisamos para as nossas vidas e para a vida de todos que convivem com a gente. Além do novo, do magro e do belo, que parecem a perfeição que dita as regras, existe a vida de verdade que está além do que querem que você enxergue. Existe um mundo de pessoas que usam óculos, sem pernas, sem braços, pessoas que pegam o ônibus às 4 horas da madrugada para trabalhar, pessoas que são o que são, nessas verdades da vida que ficam sempre escondidas nas entrelinhas como algo que não pode ser mostrado. Fica difícil entender por que o "sempre foi assim" diz que "essas imperfeições não vendem", errando no sentido de achar imperfeito o que também é perfeito.

Esse mundo que está aparecendo com novas luzes chega para abrir caminhos com outros olhares, analisando a publicidade como algo muito importante na comunicação dos seres humanos, mas buscando uma moral cada vez maior, com responsabilidade, com ética plena, com o comprometimento de levar a todas as pessoas uma verdade, e não uma mentira velada em muitos momentos. Porque o cigarro que se acende depois de um exercício é uma falácia, o boneco que se mexe mesmo sem se mexer é uma ilusão e a luz perfeita que surge no "agora ou nunca" se aproxima mais do nunca. Vamos juntos buscar essa sociedade mais saudável em todos os sentidos e olhar com lupa toda mensagem que chega, venha ela de onde vier. Porque a jaula dos macacos já está aberta e só vai ficar lá dentro quem quiser.

ENTRANDO NA SUA MENTE

A publicidade é importante para todos; seja para quem vende, seja para quem consome, pois existe essa dualidade de quem precisa anunciar e de quem precisa saber o que está à disposição, as inovações, os serviços, os produtos e tudo que pode ser útil para o dia a dia de cada um. É preciso refletir sobre como isso chega até cada pessoa e como isso é feito, desconstruindo o resultado final e entendendo o processo.

Um publicitário tem que ser mais que publicitário; tem que conhecer muito sobre os assuntos mais abrangentes. Ele avalia desde quem vai falar até sobre o que vai falar e para quem vai falar. Para fazer isso com perfeição, ele não dirá o que gostaria de dizer, e sim o que o consumidor precisa ouvir. Para chegar nesse resultado, diversas ferramentas são utilizadas para saber mais sobre essa pessoa: o que ela gosta, como ela vive, o que ela pensa, como ela anda, o que ela fala, enfim, é feito um rastreamento completo para a mensagem chegar direto na sua mente como uma grande verdade. Quando você enxerga uma campanha publicitária, não pense que simplesmente uma pessoa criativa "desenvolveu uma ideia em um lampejo quase sobrenatural". O estudo para chegar até ali foi grande. Pesquisas são feitas, planejamentos são executados, reuniões entre diversos profissionais são realizadas, muitas e muitas ideias são elaboradas. Vamos trazer para a área da culinária, fazendo uma analogia. Você que é o consumidor, sentado em frente à televisão, está vendo apenas o prato principal. Não enxergou a compra dos produtos, os equipamentos, as pessoas trabalhando e tudo que aconteceu durante todo o processo. Apenas sentou e saboreou. Esse saborear muitas vezes nos faz não pensar e apenas agir no modo automático. É a inocência de ver uma campanha com depoimentos e ter a certeza de que são verdadeiros, de que os atores usam realmente o produto que está sendo anunciado. É pagar muito mais caro por uma blusa que tem uma marca a identificando porque ela não representa a própria blusa, mas o *status*, o pertencimento a um determinado grupo, e reveste o ser humano com algumas máscaras que são vistas como imprescindíveis para ele se sentir valorizado, incluído e amado. Uma prova disso são as muitas pessoas que ganham, no máximo, um salário mínimo e usam o tênis que custa mais da metade desse salário. Por quê? Porque elas precisam se sentir aceitas, a sociedade está pedindo isso a elas, que tenham algo para ser alguém, senão vão ser apenas mais um na multidão. Então, o indivíduo se importa muito com o tênis porque aquela marca permite que, durante algum tempo, ele se sinta percebido. Na sua mente, aquela marca é um resgate daquilo que ele nunca teve e nunca foi. Como se ganhasse um passaporte para entrar em outro mundo, o mundo em que tudo é belo e se manifesta como especial.

Claro que não estou aqui fazendo campanha para destruir marcas, porque as marcas têm os seus valores e as suas construções levam anos de muito trabalho. A questão aqui não é essa, e insisto nisso para ninguém pensar que o objetivo é destruir. O ponto é apenas desconstruir, é mostrar que, apesar de todos os benefícios da publicidade, ainda temos muito a trabalhar. Alguém pode dizer: "Mas isso não é problema de nenhuma marca, elas só fazem o que fazem e compra quem quer". Em um nível muito raso de pensamento, sim. Mas, se formos mergulhar mais fundo nesse rio, saberemos que não é dessa forma que funciona. A inteligência por trás de tudo é muito maior do que o receptor da mensagem. É a batalha entre o pescador e sua presa. O peixe morde a isca e é puxado. No consumismo também acontece algo muito parecido. As compras nas quais a razão impera acontecem, sem sombra de dúvida, mas as compras pelo impulso e pela emoção são grandiosas. Tendo em vista esse aspecto, é possível estabelecer conexões de "inteligências que criam x mentes que compram". Olhe para a sua vida. Veja tudo que você já comprou e que realmente nem precisava. Enxergue seus passos no supermercado, em frente à novidade da loja e à mensagem que chegou até você como sendo "a última oportunidade da sua vida". Lance esse olhar crítico sobre você mesmo e sobre os produtos que adquiriu ou comprou para alguém. Pense como se estivesse em um jogo de xadrez antes do xeque-mate e veja todas as jogadas que antecederam o resultado final.

Somos responsáveis pelos nossos atos, mas, como sociedade, precisamos avaliar como vamos construir um lugar melhor para viver, sem medo da violência, com harmonia e paz para todos. O que vivemos também é fruto de uma sociedade baseada no consumismo intenso, em que o valor é dado a quem tem o bem material. Hoje, quase todas as casas têm televisão. O menino pobre (falando em países que têm essa desigualdade grande) que está sentado vendo desenho animado recebe a mesma influência que aquele que faz parte de uma família abastada e pode ganhar o melhor presente no Dia das Crianças. Como essa criança vai crescer? Que traumas vai ter? E isso é culpa da publicidade? Claro que isso é muito mais amplo. A discussão vai além dessa transmissão de mensagens, mas esse megacombustível que move o sistema tem uma responsabilidade, quando, por trás da ideia original, propaga mensagens subliminares do tipo "você será feliz se tiver isso", "será melhor se tiver aquilo", "será o homem mais bonito se comprar o produto A" ou "será a mulher mais desejada se agir dessa maneira". E não estou falando de comercial ruim, com ideias fracas e banais. Essa subjetividade está por trás de grandes marcas e também de comerciais bons. Dizer que só propagandas ruins transmitem esse tipo de mensagem pode ser uma defesa. Por isso, vamos repetir: não estamos falando aqui da mensagem em si, mas da subjetividade que está por trás do conteúdo. O fortalecimento do "eu tenho x você não tem" gera também desequilíbrios em muitas mentes. É a história de uma pessoa que vai crescendo e enxergando um mundo de fantasias ao qual nunca vai ter acesso. É um parque de diversões mostrado de todos os ângulos, enfatizando a felicidade que só quem está nele pode vivenciar. E aí uma criança que virou adulto chega à conclusão: "Eu não posso pagar para entrar nesse parque, então essa felicidade não é para mim". Mas a publicidade apenas vendeu o parque, ela não o criou. O parque em si foi e está sendo criado por todos nós, a partir de uma forma de gerenciamento da sociedade em que a desumanidade é brutal. E aí nunca encontramos culpados. É a velha frase que bate sempre na mesma tecla: "A culpa é do sistema". E, assim, seguimos vivendo as nossas vidas, em um mundo em que um irmão mata o outro na esquina.

E se desconstruíssemos esse sistema na busca de outro? Como foi dito anteriormente: não precisa ser capitalismo, não precisa ser socialismo, não precisa ser um modelo já pensado. Vamos em busca de outro modelo, porque o modelo definido não está dando certo. E não sou eu quem está falando isso, são as notícias. Olhe para a Terra, o planeta está chorando por muitos motivos. A natureza está gritando e não queremos ouvir porque a culpa é do sistema. Mas que sistema é esse? Esse sistema sou eu, é você e somos todos nós. A publicidade parece a vilã em alguns pontos, mas o objetivo não é torná-la vilã, porque o lado bom e o lado ruim estão dentro de todos nós. Uma grande tecnologia pode ser usada para construir equipamentos para salvar muitas vidas e também pode ser utilizada na construção de uma bomba para dizimar milhares de pessoas. O caminho do bem e do mal somos nós que escolhemos. Essa escolha é diária, a cada novo segundo, com todas as nossas ações. Assim como a publicidade, todas as áreas tinham que fazer essa reflexão para ver o que pode ser mudado, reinventado, melhorado, mas sempre com um intuito básico: o bem de todos.

Voltando à mente dos consumidores, ela é um campo de batalha em que marcas lutam incessantemente por um espaço. É preciso estar ali de alguma forma. E tudo isso é como se fosse uma guerra. O consumo é uma batalha. Um cliente diz que é preciso ganhar mais e mais, mas ganhando mais e mais, talvez o seu irmão, que é chamado de concorrente, tenha menos e menos. Então, como chegar ao ponto de equilíbrio? Será que o único caminho é a "Arte da Guerra", como tanto ouvimos falar no *marketing*, ou será que podemos mudar o mundo dos negócios para a "Arte do Amor"?

A ARTE DO AMOR

Parece que no mundo dos negócios é preciso ganhar sempre mais para que o concorrente não avance. É preciso frear os ataques com novos ataques, com defesas estratégicas e com mais inteligência neste campo de batalha. Porque tudo que está sendo feito é baseado neste pensamento: "Não podemos perder clientes e precisamos conquistar mais clientes". E se o mundo aprendesse a dividir? Enquanto escrevo essas palavras, sinto vontade de colocar para tocar *Imagine*, porque John Lennon já falava que não era o único sonhador. E, com certeza, além dele e de mim existem milhões. Vejo que, muitas vezes, esses milhões permanecem calados, sem saber o que fazer, porque, como dissemos antes, a culpa é do sistema. Desculpe, meu amigo e minha amiga, mas eu não quero fazer parte desse sistema.

Recordo de uma história que minha irmã, psicóloga, desenvolveu durante um treinamento em uma loja, certa vez. Uma das atividades era muito simples. Ela reuniu os colaboradores em um círculo, entregou um balão cheio e uma agulha para cada um e disse o seguinte: "Quem terminar com o balão cheio vai ganhar um brinde". E deu *start* para a tarefa. O que aconteceu na sequência foi a caça de um ao balão do outro, com estouros, uns tentando proteger mais, mas todos atacando para destruir o balão do colega. No final, quando a atividade foi finalizada, todos estavam com seus balões estourados. Ela voltou o olhar para cada um e perguntou: "O que eu disse no começo? Lembram? Falei que quem terminasse com o balão intacto iria ganhar um brinde". Na verdade, se todos tivessem permanecidos parados, sem estourar o balão do amigo ao lado, todos ganhariam o brinde porque todos estariam intactos. E essa parte do treinamento foi finalizada com uma mensagem, que fica aqui também registrada. Na sociedade, muitas vezes, costuma-se entender que é preciso derrubar aquele que está ao lado para o crescimento próprio. O orgulho e a ambição de querer ter mais criam uma bola de neve negativa, que gira ao contrário e se torna gigante, em que cada um faz tudo para defender o próprio espaço com unhas e dentes. O que estamos vivenciando é a contínua "Arte da Guerra", da luta diária para ganhar mais que o concorrente, para derrubar esse concorrente, para aparecer mais e para vender como nunca. Uma sintonia de pensamentos similares contagia todos em uma empresa para fazer acontecer a todo momento de uma maneira quase cega, em que insensatez parece ser lucidez diante do medo de cada um na eterna busca pelo dinheiro. Mas sabemos que nem tudo é dinheiro.

O dinheiro é muito importante para o dia a dia, para a compra do alimento, para pagar a habitação e para todos os outros compromissos. Só que a sociedade está estabelecendo um ponto de desequilíbrio nessa conquista, que pode ser nobre, sim. Ela está embrutecendo corações, como se isso fosse o mais importante de tudo. O material está acima do espiritual. Homens avançam tecnologicamente em novas conquistas e aptidões. O que é louvável, por um lado, mas, por outro, esse avanço não anda na mesma velocidade da moral. Se a moral viesse em primeiro lugar, com certeza já estaríamos vivenciando dias mais agradáveis, fazendo da Terra um lugar mais justo para todos. Nessa "Arte da Guerra", as empresas se abastecem das mais variadas estratégias e munições porque a concorrência também está fazendo isso. Então, surge o medo, e, devido ao medo, que é uma porta de entrada feroz e voraz de muitos pensamentos negativos, andamos para trás. Semelhante aos arsenais armamentistas comprados pelos países para se defenderem de alguma invasão. Imagine o preço de apenas um avião de guerra de última geração. Agora, imagine se esse valor fosse revertido para a construção de uma escola ou de um hospital. Mas não pensamos assim porque fomos criados e moldados a pensar da mesma maneira, que, se não nos protegermos, algo vai acontecer, assim, consequentemente, todos têm medo de ser atacados a qualquer instante.

O planeta Terra está girando e pulsando diferente, novos pensamentos estão surgindo cada vez mais, pessoas estão despertando a cada dia de um sono profundo e deixando de ser meros fantoches não pensantes. Em contrapartida, uma grande parte da população ainda continua presa pela própria mente. É como o elefante do circo que é capturado muito pequeno e desde cedo tem a pata amarrada em uma corrente presa a uma árvore. Sempre que tenta sair, não consegue, porque a corrente não permite a sua libertação. O tempo vai passando e ele vai crescendo, começando a se acostumar com a situação. Depois de domado, quando está no circo, é preciso apenas colocar uma corrente presa a uma cadeira para aprisioná-lo novamente por indução. Ele já está acostumado a não poder se mover porque foi criado assim. Se transferirmos essa ação para as empresas e para nós mesmos, vamos enxergar claramente várias correntes que nos prendem a situações que são irreais, forjadas porque querem que acreditemos nelas, e, assim, passam a ser "verdades não verdadeiras". Por isso, é necessário abrir os olhos e tentar imaginar uma situação melhor para todos, sabendo da responsabilidade que cada um tem nessas mudanças. Deixar para o vizinho ou para o amigo agir é se isentar de dar uma opinião, é o medo de poder ser confrontado ou criticado pelo pensamento novo. É só olhar a sua volta e ver que muitas pessoas estão ficando doentes cada dia mais: ansiedades, suicídios, síndromes do pânico, fadigas e tudo mais que alguém quiser acrescentar. Para uma empresa, bater as metas é fundamental, porque ninguém trabalha no vermelho. Só que, nessa "Arte da Guerra", o bater as metas virou uma obsessão. As pessoas não estão mais tranquilas em momento algum porque sabem que podem perder o emprego, mesmo fazendo o máximo a cada dia. Precisam se sentir motivadas para avançar posições no tabuleiro porque assim poderão ter mais, aparecer mais e ganhar mais para garantir uma tranquilidade. Será que essa tranquilidade não poderia ser o próprio caminho? Quando seguimos alegres, a estrada já se torna feliz. Eu não preciso chegar lá no final do destino para ser algo que almejo, pois talvez esse final da estrada não exista. Como o coelho que corre atrás da cenoura que está pendurada na sua frente sem perceber que não pode alcançá-la porque ela não é a consequência, ela é a própria causa.

Nas concorrências, há o lado bom de todos estarem trabalhando pelas melhorias contínuas de produtos, serviços e ideias, dando ao consumidor a liberdade de escolha para decidir. Isso é lógico e claro. Só que o proposto aqui vai um pouco além porque encerrar nossos pensamentos no que já acontece agora vai apenas finalizar o processo de novas descobertas do que ainda pode ser. E pode ser muito melhor. Pode ser para todos, pode ser mais tranquilo, pode ser mais justo, pode ser mais simples e pode ser mais harmonioso para nós, para os nossos amigos e para todos neste planeta que queremos cada vez saudável. Ou este é o lugar em que você tem toda a segurança de deixar o seu filho quando chegar a sua hora de partir para outro plano? Está tudo bem como está ou é preciso fazer muito ainda? Estamos no caminho de grandes mudanças e é necessário estarmos abertos para que sejam mudanças para o bem.

Para uma nova ideia ser boa, ela não pode ser boa apenas para mim e para uma parcela daqueles que eu protejo. Ela precisa estar em prol do Universo, do nosso

Universo, que sou eu, você e todos que estão convivendo juntos aqui neste exato momento. Trocar o *chip* para a "Arte do Amor" vai ser muito mais interessante. Tem gente que não vai gostar, com certeza, porque muitos interesses econômicos estão em jogo nesse grande tabuleiro em que existem poucos reis. A "Arte do Amor" mostra tudo por um outro lado porque você começa a enxergar no outro muito de você mesmo. Concorrentes podem andar de mãos dadas porque existe o suficiente para todo mundo se a divisão for feita da maneira correta. Para isso, o medo precisa ser eliminado aos poucos. Não vai acontecer nada do dia para a noite, mas um dia de cada vez, passo por passo. Quando começarmos a encontrar novas luzes, talvez, então, as fronteiras entre os países não existam mais. E, quem sabe, todos os caças de guerra serão destruídos porque a moral de todos os habitantes do planeta Terra não permitirá novos conflitos, nem de país contra país, nem de emprcsa contra empresa, nem de irmão contra irmão. Vamos viver completamente a "Arte do Amor".

TER X SER

Existe um duelo que ocorre diariamente no mundo inteiro e no mundo interno de cada um: a batalha do ter x ser. Um assunto que parece banal, por já ter sido largamente abordado, mas que é de grande complexidade, porque traz na sua essência o que provoca tantos males à humanidade. O "ter" parece ser mais apreciado por muitos, pois as pessoas olham primeiramente aquilo que você possui materialmente, e não aquilo que você é como pessoa. Essa busca desenfreada pelo material se torna vaga quando só encontra a felicidade em si mesma. O "ser", por sua vez, abrange diversos campos e é muito difícil atingir a sua plenitude porque exige de cada um diversos esforços para a transformação do que está desajustado para o que é equilibrado, da inveja para a caridade, da guerra para a paz e da culpa para a compaixão.

Quando se fala em ter x ser, muitas vezes pode se criar a percepção de que se está dizendo para abrir mão de tudo que é material para vivenciar o outro lado. Mas não é nada disso que se está falando. A parte material é importante para a nossa permanência neste mundo, só que estamos vendo uma busca incontrolável de muitas pessoas por algo que parece ser relevante e não é. Não é a nova TV que vai preencher a sua felicidade, não é o carro novo que vai proporcionar a sua reforma íntima e não é uma casa nova que vai tornar o seu amor pelo seu filho mais verdadeiro. Todos os itens materiais citados podem ser buscados tranquilamente, cada pessoa com as suas necessidades. Mas eles não podem ser o *tsunami* de cada dia, em uma busca desenfreada por aquilo que parece complementar algo que está dentro de cada um. Porque essa busca, se for neurótica, se torna completamente superficial. É a necessidade de alimentar o ego e valorizar o orgulho.

Máscaras vão sendo criadas com modelos estereotipados de coisas, que passam a ter valor porque outras pessoas com o mesmo pensamento dão valor a essas coisas. É aquela foto de um prato *gourmet* recém elaborado que a pessoa compartilha com seus amigos nas mídias sociais, para valorizar seus dotes culinários. Só que a foto mostra uma piscina ao fundo porque a pessoa não queria mostrar o prato que parecia alvo do seu *post*; ela queria era mostrar a piscina, como uma forma de valorização do "eu tenho". É a necessidade extrema de pertencimento a esse ou àquele grupo. E nesse propósito diário de pensamento, muitas pessoas deixam de ser aquilo que realmente são para ser o que os outros gostariam que elas fossem. Se a busca do "ser" estivesse fortalecida, o primeiro passo seria o autoconhecimento, para buscar aquilo que realmente importa para o seu crescimento como espírito, que está habitando esse corpo material por um determinado período. Pensar nisso pode parecer uma perda de tempo para alguns, mas é um ganho sem limites porque cria um espelho verdadeiro do "eu" com a própria realidade. Um encontro difícil e demorado, digamos que eterno, no sentido do aprimoramento evolutivo. Em contrapartida, quando a busca se volta apenar para o "ter", a sintonia muda como se trocasse de estação. Os anseios são outros, os medos são diferentes e a realidade se esconde.

Desde pequenas, as crianças começam a entrar na sintonia do consumo, em que o mundo diz com mais ênfase: "tenha" e não "seja". E, logicamente, estamos falando não somente da publicidade, que valoriza isso, mas de uma sociedade em geral que estimula um pertencimento falso, como se viesse embalado em algum produto. Quando a pessoa adquire o produto em si, não percebe que a felicidade não está ali, começando uma busca contínua pela próxima pílula para a sua alegria. E esses remédios, em doses pequenas ou grandes, vão se transformando em novos estímulos para outras pílulas de felicidade. Enquanto isso, o "ser" vai ficando para trás. E o que realmente ocorre é que, quando muitas dessas pessoas se encontram em uma idade avançada, começam a questionar muitos de seus passos e se perguntam: "Por que eu fiz isso da minha vida? Por que eu corri tanto para comprar e não corri para abraçar mais meus filhos? Por que tantas preocupações, se as coisas mais singelas eram as que me faziam mais feliz?". Só que aí já parece tarde, essa encarnação se encontra em seu estágio final e é preciso partir. A mudança está aqui. Agora. Cada um pode voltar a pegar a sua vida para si e ser o responsável pelos próprios atos. Deixar de lado o que os outros vão pensar, para trazer à tona: "O que eu penso disso?". Esquecer um pouco o que eu vou comprar neste dia para agir com outro lema: "O que eu posso fazer de útil para a humanidade neste dia ou para o meu irmão que está ao meu lado agora?". Não basta apenas "ter" se nos esquecemos da disciplina e da vontade de construir com justiça. Se cada um traz algumas máscaras, que elas sejam aos poucos deixadas de lado. Ninguém consegue mudar em apenas um segundo, mas o querer já faz a grande diferença. Entender em que ponto está o seu pensamento e como você está conduzindo a própria vida em ações concretas é fundamental. Enquanto o ser e o ter continuam em uma batalha épica de desequilíbrio em muitas pessoas, é possível pensar diferente. Buscar o equilíbrio é entender que todos os recursos materiais que nos são disponíveis neste plano de existência estão aí para contribuir para o nosso crescimento espiritual. Saber utilizá-los pede muito bom senso e harmonia para que o andar de cada dia seja agradável e não um fardo pesado.

Há também as pessoas que se importam apenas e exclusivamente com o lado material de tudo. Obviamente que, pelo próprio livre-arbítrio, elas têm todo esse direito, mas estão apenas cavando buracos profundos na própria alma em uma ilusão que logo se acaba. A vida é um sopro muito curto a cada nova existência para que tudo seja brilhante apenas aos olhos do corpo físico e não aos olhos do espírito. Imaginemos uma montanha sem fim, em que a cada ponto da escalada conseguimos visualizar uma parte ao longe, e que a cada novo passo um novo céu se revela. Ser humilde é saber que estamos sempre caminhando e, logo em seguida, visualizaremos algo que antes não imaginávamos. Esse trabalho do "ser" traz essa tônica e faz cada um se tornar a própria montanha. Se o "ter" ainda se torna o mais relevante, se é preciso mostrar ao outro para parecer algo, se o poder fascina e se a alma se envaidece quando veste alguma marca, que os olhos continuem na busca do conteúdo mais profundo daquilo que não se extingue com o tempo e que as traças não corroem. E tudo vai se construindo aos poucos, com esse olhar para o outro com benevolência, compaixão e misericórdia. Não é preciso fazer votos de pobreza, deixar de adquirir um bem ou deixar de fazer uma viagem linda. Basta saber usar tudo com bom senso, sabendo que não podemos viver nos extremos. O futuro não é distante, como dá a entender a própria palavra, ele acontece no agora que está sendo construído e surgirá no amanhã que se inicia com um novo nascer do Sol. Se é apenas o "ter" que deve imperar, é preciso ter responsabilidade para arcar com as suas consequências maléficas. Mas, se é necessário e justo querer um planeta mais saudável, habitado por seres mais evoluídos, com a vontade de uma união em amor, o "ser" vai ter que fazer parte incessante dessa alteração, porque, quando cada um for responsável pelas suas próprias mudanças, o coletivo vai mudar naturalmente.

Fica o convite à reflexão e a esse olhar no espelho com total desprendimento. Algo que pode ser feito em silêncio, sem ninguém saber. Uma hora o relógio vai tocar, chegando o momento de arrumar a mala para deixar este mundo. E vale lembrar que, nessa mala fictícia, você só vai levar o que plantou de bom ou ruim. Teremos certeza de que deixamos o melhor ou apenas fizemos o mesmo que muitos estavam fazendo somente para parecer do mesmo grupo? Para finalizar, lembremos de outro provérbio: "Nós não herdamos o mundo de nossos antepassados, nós o pegamos emprestado dos nossos filhos".

MENOS FAST, MENOS FOOD

A humanidade está buscando cada vez mais novas tecnologias e inovações em todos os sentidos. As mudanças não vão parar e não podem cessar no sentido da evolução. Se algumas linhas de trabalho deixarão de existir em um futuro próximo, outras surgirão. E tudo pode acontecer naturalmente se o processo for bem distribuído. A grande questão e o ponto ruim a ser destacado é que poucos estão se beneficiando com tudo isso. E com essa visão é preciso consertar o barco que está navegando, arrumando as velas para que se encontre o porto mais suave e agradável pelo bem de todos.

Para uma grande maioria, o despertar de cada dia não está sendo tão saudável em diversos casos. Uma corrida desenfreada está trazendo doenças ligadas a uma grande ansiedade. Os tempos modernos se refazem com novos paradigmas e novos caminhos que surgem para ser desbravados. O *fast* nos passos de muitos faz o planeta girar em um descompasso contínuo, não só agravando questões emocionais, mas também trazendo malefícios a toda essa casa que habitamos, chamada Terra. Muitos andam rápido, comem rápido e querem o outro dia mais rápido. E para quê? Lembro-me de uma história contada por um grande amigo, que compartilho aqui:

Estavam dois amigos pescando lado a lado, quando um olhou para o outro e disse:

– A gente podia abrir um local para vender esses peixes.

– Por quê? – o outro quis saber, curioso.

– Para ganhar dinheiro – disse sorrindo.

– Tudo bem, mas por quê? – o amigo insistiu na mesma pergunta.

– Porque a gente pode investir o dinheiro na loja novamente e ampliar.

– Por quê?

– Porque vendendo mais peixes, vamos aumentar o faturamento. E, depois, poderemos comprar mais lojas para vender mais peixes, adquirir uma frota de caminhões e comercializar em outros lugares. E assim por diante, em um crescimento sem fim.

– Mas por que tudo isso?

– Porque aí a gente vai poder pescar tranquilamente.

– E o que nós estamos fazendo agora?

Essa história lembra um pouco a histeria de querer conquistar sempre novos territórios sem um limite definido. Claro que a história não remete à ociosidade de não fazer nada. Muito pelo contrário. Temos que pescar nosso peixe de cada dia, fazendo do trabalho algo honesto e prazeroso, ao mesmo tempo respeitando aqueles que convivem conosco. É preciso também valorizar as grandes mentes que resolvem investir na construção de grandes empresas, pois elas trazem a oportunidade para muitos poderem trabalhar. Cada um tem a própria história nas mãos, seguindo por onde achar conveniente. Mas, na história contada acima, ampliamos um pouco mais a cena para visualizar que o querer pelo querer sem motivos profundos geralmente traz mais dores de cabeça do que se imagina. Muitos pensam em ganhar na loteria um dia para realizar o sonho de não fazer nada, como se não fazer nada fosse um grande presente da vida. Com certeza, o dinheiro ajuda a trazer muita comodidade, mas muito dinheiro, se não é bem utilizado, também traz muitos problemas, principalmente se é investido apenas em benefício próprio. Não deixaremos este mundo um dia? Então, qual a razão dessa nossa passagem por aqui? Ganhar em uma loteria e ficar para o resto da vida na inatividade? Pescar tranquilamente não quer dizer ficar olhando para a água do mar sem reação alguma, mas perceber que o trabalho, a caridade, o lazer e tudo que compõe a vida podem ser perfeitamente balanceados.

Trabalhar no *fast* pode ser uma necessidade para ajudar no sustento da família, pagar a escola do filho e trazer o alimento para casa. Mas e se tudo fosse feito de uma maneira em que o meu trabalho ajudasse o meu irmão que está ao lado? E se cada um fizesse algo também pensando no outro? E se a caridade estivesse em primeiro lugar? Será que faltaria alimento para aquele que está precisando? Será que viveríamos momentos tão complicados e turbulentos em um lugar que poucos têm muito e muitos têm pouco? E se as futuras substituições de trabalhadores por máquinas forem feitas com a preocupação de realocar esses indivíduos em vez de descartá-los?

Falando no *fast*, aproveitamos para falar no *food*. Muitas vezes o alimento é engolido e não digerido porque é preciso voltar a correr. Uma grande parte da população já não consegue fazer exercícios, pois está cansada. Os dias parecem longos e as noites surgem pesadas. Não é somente a balança física que está mostrando que devemos parar e refletir. É a balança espiritual que está pedindo mais reflexão, mais amor, mais perdão e mais tranquilidade. Vivemos como se os recursos naturais fossem infinitos. Muitos estão cegos porque fingem não ver para proteger interesses próprios. Outros não se importam nem um pouco com quem vai chegar depois. Não temos apenas o direito de viver aqui, temos extremas responsabilidades com tudo o que estamos fazendo. Cada árvore derrubada, cada rio poluído, cada raça de animal extinta está pesando na nossa conta. E a conta já está no vermelho faz muito tempo.

A quem interessa que você continue sonolento e pronto para agir amanhã igual a hoje, que já é igual a ontem? Para quem você está correndo neste giro ininterrupto? Toda história termina com um ponto final, mas o seu conteúdo recheamos com vírgulas. Essa é a hora de colocar mais vírgulas e fazer mais pausas para pensar o que desejamos. O medo coletivo, que é difícil saber onde surge, se agiganta, e a culpa do sistema faz com que muitos não saibam como agir e deixem tudo como está. Mas do jeito que está, com certeza, não está bom, porque só vai estar bom se estiver bom para todos. De que adianta aproveitar uma vida boa, tranquila e confortável se o irmão ao lado sofre em demasia? É necessário e urgente seguir ajudando aqueles que precisam. Se a vida for menos *fast* e o *food* for com qualidade, os dias vão começar a ganhar novas cores. É possível pintar o quadro da maneira que se quer. A grande questão é quando o quadro já vem emoldurado e alguns dizem que é impossível mudar. Não aceitar tudo que vem pronto através das mensagens que bombardeiam a vida de todos a cada segundo é imprescindível. Conhecer a própria história é fundamental. Porque ninguém consegue cuidar bem do outro se não conseguir cuidar de si próprio com dignidade e amor. Olhe para você e pense com carinho: o que você está fazendo agora é realmente o que você gostaria de estar fazendo? O que você está fazendo é bom para você e bom também para a humanidade como um todo? O que você está realizando será motivo de orgulho para as próximas gerações? Nesse ponto, é necessário ser *fast* e correr para responder rápido e mudar o rumo, se possível. Somos peças de um quebra-cabeça gigantesco, cada uma com uma luz própria que pode refletir com mais intensidade. Como diria Nelson Mandela: *Nosso medo mais profundo não é o de sermos inadequados. Nosso medo mais profundo é que somos poderosos além de qualquer medida. É a nossa luz, não as nossas trevas, o que mais nos apavora. Nós nos perguntamos: quem sou eu para ser brilhante, maravilhoso, talentoso e fabuloso? Na realidade, quem é você para não ser? Você é filho do Universo. Você se fazer de pequeno não ajuda o mundo. Não há iluminação em se encolher para que os outros não se sintam inseguros quando estão perto de você. Nascemos para manifestar a glória do Universo que está dentro de nós. E conforme deixamos nossa própria luz brilhar, inconscientemente damos às outras pessoas permissão para fazer o mesmo. E, conforme nos libertamos do nosso medo, nossa presença automaticamente liberta os outros.*

O CHATO E O POLITICAMENTE CORRETO

Feijão e arroz. Queijo e goiabada. Romeu e Julieta. O mundo sempre traz muitos pares famosos. Atualmente, o chato e o politicamente correto fazem sucesso. E incomodam muita gente, porque as pessoas estão sendo constantemente vigiadas pelas outras ao tratarem de assuntos que antes eram abordados naturalmente. Só que existe uma parte resistente da população que afirma que algumas mudanças estão tirando a graça do que antes era muito divertido. Só que, geralmente, quem acha algumas coisas divertidas é o acusador, não o acusado. Como o famoso *bullying* sobre o qual cada vez se fala mais e que, na verdade, sempre ocorreu em outros tempos com outras designações. Quem sempre fazia piadas sobre o obeso da turma é porque nunca foi obeso. Quem sempre fazia piadas sobre negros é porque nunca sofreu na própria pele a dor do racismo. O que podemos notar é que o mundo politicamente correto não é chato. Ele está se tornando certo. Só que, em muitos momentos, diversas piadas que antes pareciam ser engraçadas para alguns agora deixam de ser porque pessoas estão levantando a mão e dizendo: "Isso não é legal". A insensatez de alguns colabora para que afirmem que quem reclama são pessoas chatas que estão deixando o mundo mais quadrado. Olhando pela ótica da criação, obviamente fica mais fácil desenvolver ideias quando não se tem um limite. Mas existe um limite a ser definido? Existe o certo e o errado?

Quando enxergamos no outro também um pouco de nós, essa delimitação acontece, pois a ofensa pela ofensa, a piada pela ridicularização do outro e a violência são armas que ferem em todas as idades. Se o mundo está em um processo de evolução contínua, precisamos também olhar para a publicidade para analisar se ele está realmente ficando mais chato ou mais coerente com o que é justo e ético. Permanecer tudo como está não é outra coisa senão estagnação, uma paralisação nos pensamentos sobre novos rumos que podem ser tomados e ideias baseadas em respeito ao próximo acima de tudo. Se uma ideia parece ser engraçada, mas ofende uma parcela da população, que se sente mal com o proposto, a ideia se torna desconexa do todo porque realmente machuca algumas pessoas. Claro que, quando isso acontece com uma minoria que se sente atingida, a grande maioria ri mais alto. As gargalhadas que ecoam em um volume intenso apagam as lágrimas escondidas. É justamente isso que está mudando, em uma balança que começa a trazer à tona os mesmos pesos e as mesmas medidas. Se, por um lado, o caminho parece abrir menos possibilidades para a criação pelo limite que se impõe, também se abre uma oportunidade para a inteligência ser desenvolvida com mais sabedoria. Não podemos mais aceitar que algumas questões estejam acima do bem e do mal, como um escudo argumentativo que se esconde atrás da ideia de que "se faz rir" é aceito, como se isso fosse uma chave para abrir todas as portas da humanidade.

Estamos aqui falando de publicidade, mas podemos falar de diversos segmentos que se utilizam de chacotas em muitos momentos para vender ideias, argumentos ou conteúdos de qualquer forma. Certa vez, vi um humorista fazendo uma piada completamente ofensiva sobre os judeus, relembrando o Holocausto. Sua defesa dizia que era apenas uma piada e que, se é possível fazer piadas com tudo, também se pode fazer piadas sobre um assunto tão delicado, ideia da qual discordo com veemência. Uma piada que se cria em cima de algo que dizimou milhões de vidas não é piada. No mínimo, é mau gosto. O argumento de que "se eu posso fazer piada com uma coisa, posso fazer piada com tudo e todos" é a maneira mais simplória de seguir fazendo o que vemos em diversas situações. E aqui ampliamos essa ideia para a comunicação em todos os sentidos, em suas mais abrangentes áreas. Podemos olhar tudo como forma e conteúdo, enxergando em cada manifestação de comunicação um apelo que se quer vender, expandir, alterar, refletir e fazer pensar. As pessoas que se sentem humilhadas, desde as ridicularizações nas escolas até nos seus grupos de amigos, não conseguem ter argumentos suficientes contra uma maioria que se esconde por trás de um sorriso, afirmando como se fosse uma resposta simples: "Mas é apenas uma piada".

Somos seres "ditos" pensantes que apenas chegaram a um determinado ponto da evolução humana. Mudar é preciso, é necessário, ou é bom deixar tudo como está? Ninguém quer construir um mundo chato de viver porque os chatos se excluem por si mesmos. O mundo pode seguir girando com alegria, com excelentes comerciais, com piadas engraçadas, com ideias fabulosas criadas para anunciar um produto de uma forma mais inteligente, mas sem esquecer que não se tem o poder de fazer o que quiser, quando quiser e como quiser. O politicamente correto está mais atento ao que antes era banal e dito normal. O grande problema de se usar o termo "politicamente correto" é que muitos acham que isso é coisa de quem quer mudar a cena geral, esquecendo que essa questão também faz parte da sua própria vida.

Não se está afirmando que a publicidade é a grande vilã da história, mas ela tem, sim, uma grande e real função no dia a dia de todos, porque os seus conteúdos também impactam a cada segundo na televisão, no *outdoor* ao lado do carro ou no *pop-up* que abre em uma página da internet. O bombardeio de informações é gigantesco e vem recheado de todos os tipos de conteúdo: os geniais, os relevantes, os fracos e os absurdamente fracos, em uma salada diversa que precisamos selecionar. Muitos dizem, se referindo à televisão, por exemplo, que cada um tem o controle remoto. Basta desligar. Só que, na prática, nem tudo é tão simples e fácil como parece. Temos, sim, a liberdade em muitos momentos, mas em outros não. Se você vai ao trabalho pelo caminho mais curto, o *outdoor* pode saltar logo ali na próxima esquina. E seu filho, que está junto, também vai olhar. Se essa forma de comunicação está apta pela lei a aparecer e você não tem o controle remoto para tirar a peça dali, então que ela seja agradável aos seus olhos. Se ela é politicamente correta ou não, é uma questão que pode entrar em debate. Só que é preciso lembrar que o debate grandioso é por uma causa maior.

Olhando para o futuro, falemos então das crianças que estão chegando. Não quero que meu filho acredite que será feliz se abrir um refrigerante, que será um homem mais bonito se andar em um carro novo ou que, ao usar uma marca específica, será mais respeitado. Eu quero que ele tenha claro em sua mente que é pela sua ética e pela sua moral que ele será uma grande pessoa. Estou falando também dos filhos dos meus amigos e de toda uma geração que vem cheia de energia para continuar a transformação que tanto queremos. E, com certeza, o mundo que vem aí é muito bom. Se ele vai ficar chato para alguns, não tem problema. O planeta Terra é apenas um nesta galáxia chamada Via Láctea, sendo que no Universo temos bilhões e bilhões de galáxias. Lugar para se mudar não vai faltar.

EU X NÓS

A necessidade de amar a si mesmo é primordial. Antes de amar o outro, eu preciso me amar. A grande questão é que, nos tempos atuais, isso adquiriu uma forma um tanto distorcida, em que o "eu" é muito mais importante do que o "nós". Amar a si mesmo é proporcionar o encontro do "eu" com o "eu superior", o verdadeiro, aquele que está escondido por trás da grande sombra que o acompanha. Esse amor é sublime, é real e tem um poder de transformação de ideias e de pensamentos no caminho contínuo da própria evolução. Só que nessa inversão de algumas ideias, esse amor se transformou em orgulho de si mesmo, em pensar naquilo que cerca apenas o pequeno mundo de alguns, em uma consciência muito limitada. As *selfies* comprovam o quanto a pessoa fica apaixonada pelo próprio rosto, em uma glamourização de um Narciso pós-moderno, fixo no espelho das mídias sociais, esperando os próximos *likes* nas suas postagens para ver se está agradando e como está sendo agradado. A busca incessante da compreensão do outro é a forma de encontrar a si mesmo neste emaranhado de curvas que se perdem em muitos pensamentos sobre como agir em um universo tão inconstante e diferente. Enquanto muitos já encontraram o caminho de volta para casa (verdadeiro "eu"), fazendo aos outros tudo aquilo que gostariam que os outros fizessem para eles, milhões ainda estão perdidos cultuando a própria imagem. O "eu" se perpetua no sentido irreal, da satisfação dos próprios desejos que parecem ter tanta importância, mas no fundo são apenas pontos de acesso àquela criança que tudo quer e precisa, a qualquer hora, ficando emburrada se não é atendida prontamente.

Como todos aparecem de qualquer maneira em seu minuto de fama, tudo é válido para ser notado pelos outros. E cada um se fecha de uma maneira demasiada em sua própria ilha. O dia a dia ficou mais barulhento porque alguns pensam que falar mais alto é o tom para ser ouvido, aparecer de todas as maneiras e parecer querido é estar na moda e se autoelogiar virou normalidade. A introspecção de pensamentos virou uma exposição a céu aberto de "eu sou". A mão direita já não se importa que a esquerda saiba. E deseja, a todo custo, que todo mundo que a acompanha visualize seus gestos. O ser bom apenas por ser bom perdeu um pouco o sentido para muitos; virou um recurso para receber aplausos. Se não houver o reconhecimento, vai faltar algo, como em um jogo de trocas. A publicidade, em grande parte, foca na necessidade desse indivíduo utilizando esse ponto fraco, despertando o sentimento de valorização de tudo que ele merece. No comercial, motiva cada um a buscar tudo que satisfaça o desejo, o ego e o autocentrismo. "Primeiro, eu. Depois, os outros". Esse sentimento é apenas um reflexo do que o mundo se tornou. Não na sua totalidade, mas em grande parte. Surge, então, o cenário de diversas pessoas olhando para o próprio umbigo, em uma Torre de Babel, não se entendendo de jeito algum em muitos momentos, porque um não está pensando no outro. Não se vê a outra pessoa em uma situação de vulnerabilidade, não se coloca no lugar dela pensando como estão seus sentimentos, suas emoções e como aquilo está afetando a sua vida. Na maioria dos casos, cada um pensa em si, naquilo que lhe cerca. Nessa proteção, as pessoas constroem cada vez mais muros, criando uma redoma imaginária onde se creem seguras. Só que nunca estamos seguros nessa impermanência da vida, em que tudo que é agora, daqui a alguns segundos, já não é mais porque aparece de outra forma, vestido de outra maneira.

A busca do "eu" sempre será muito importante para a construção de cada um, mas não a busca em coisas e, sim, no que realmente tem valor. E é essa busca que se torna saudável para a mente, para o corpo e para o espírito, porque nesse encontro é possível encontrar o outro. Tudo que se desviar disso vai alimentar o desejo, um dos mais perigosos venenos. Ainda estamos engatinhando, compreendendo que vivemos com outras pessoas e que esses relacionamentos constituem verdadeiros aprendizados para a nossa própria vida. Então, quando tudo apontar para a sua realização, mostrando que você tem o direito de ser feliz ao consumir o produto "A" ou "B", use a sua inteligência e compreenda o que é dito. Pense se, realmente, isso alimenta o seu "eu verdadeiro" ou é apenas algo para aquele que se chama ego. Lembrando o oráculo de Delfos, "conhece-te a ti mesmo" é a sabedoria que nos guia em busca dessa verdade que trará a libertação. Ao pensar que se é livre diante de qualquer comunicação, que apareça a certeza de algumas inverdades. A liberdade apenas ocorrerá quando a própria mente entender o porquê tudo é feito de forma a conduzir para esse ponto de valorização extrema do "eu". Nenhum bem de consumo até hoje trouxe a liberdade para o espírito. Pode-se notar que muitos ricos são completamente infelizes e que muitos pobres estão sorrindo mesmo sem nada possuírem. Outra vez, vale ressaltar, não se está fazendo apologia da pobreza ou para não consumir nada. A ideia é apenas quebrar correntes para mostrar uma nova direção, onde luzes podem brilhar de outra maneira, focando no outro.

Vamos continuar fazendo apenas *selfies* ou também vamos estender a mão a quem ainda precisa tanto? Vamos olhar para tudo o que fazemos com um grande orgulho ou enxergar com mais sentimento as tragédias do mundo? O "eu" só se torna realmente forte quando consegue se enxergar claramente para perceber o "nós". Sozinho, fica apenas à parte daquilo que já é o todo. E o todo se forma quando vários "eus" se unem no caminho do bem para a coletividade. Muitas marcas já acompanham esses pensamentos; fortalecendo a responsabilidade social; agindo em benefício do meio ambiente e valorizando o ser humano no sentido mais real da palavra, aceitando-o como ele é e reproduzindo essa verdade em suas comunicações. Tudo pode ser utilizado para o fim que se queira estabelecer. Que tudo isso seja uma alavanca para uma reflexão interna e para absorver tudo que chega com um filtro ainda maior. Na próxima mensagem que receber, pergunte-se:

Eles querem que eu compre para ser feliz? Eu preciso disso para ser feliz?

Essa ideia genial é apenas genial na forma ou o seu conteúdo tem mesmo algo relevante?

O produto que faz com que eu corra para a loja é realmente necessário para a minha vida?

Esse consumo desenfreado que eu resolvo praticar e que serve de exemplo ao meu filho é o que eu espero que ele replique para o meu neto?

Quando partir deste mundo, vou ter orgulho das escolhas que fiz ou vou me arrepender de muitas delas?

As marcas que eu escolho são sustentáveis? Ajudam o planeta de alguma forma? Usam mão de obra barata e depois vendem por um preço alto?

Amanhã, vou acordar, correr para trabalhar, para comprar e, depois, correr para trabalhar, para comprar, e assim sucessivamente, de uma maneira sábia ou apenas automática?

Essas são apenas algumas perguntas que cada um deve fazer para si mesmo, e outras podem e devem surgir a partir de agora. Faça esse exercício e permita-se ser livre no pensar. Use a própria consciência para ser verdadeiro com você mesmo, sem precisar querer agradar quem está próximo ou se tornar algo que você não é. Reflita sobre a vida, sobre a sua vida e sobre o que está deixando para quem está seguindo você. Lembre-se: exemplos ficam para sempre.

OS PRÊMIOS! AH, OS PRÊMIOS!

A publicidade é um meio em que os prêmios são extremamente valorizados. Quem é do ramo sabe o quanto isso mexe com as empresas de comunicação, os orgulhos e, principalmente, com os criadores. De um lado se fala que são os prêmios que balizam e valorizam o que é criativo. *Ok*, até aí todos nós sabemos porque é o óbvio da obviedade. Mas, como este livro tem o intuito de desconstruir, temos que ir um pouco mais longe e ver o que está além dessa fronteira.

Como um criador publicitário na sua origem, eu também tinha vontade de ser premiado em algum momento. Não posso negar, pois é certo que aqueles que trabalharam comigo poderão comentar que eu estou sendo contraditório. Então, desnudando a verdade, sim, claro que queria. O primeiro troféu veio no Salão de Propaganda de Santa Maria, o Salão do Interior do RS, como dito anteriormente. De lá para cá, ganhei vários prêmios também, entre bronzes, pratas e ouros no Prêmio Colunistas RS, Colunistas Brasil, ANJ (Associação Nacional dos Jornais), Salão de Propaganda do RS, Fórum Mundial de Publicidade, entre outros. Só resolvi mencioná-los para não pensarem que o autor escreve este capítulo por nunca ter ganhado prêmio algum. Sim, ganhei. Sim, fiquei feliz. Só que, em determinado momento, comecei a pensar um pouco diferente. Enxerguei que, na maioria dos casos, existe uma necessidade e uma busca por este ouro. São adultos que, no fim das contas, estão lá, novamente como crianças, sorrindo e ligando para casa para dizer: "Mãe, fui eu que fiz!". De certa forma, isso se apresenta como a ingenuidade de correr atrás do próprio orgulho, exacerbando e realimentando tudo para o próximo concurso, seja ele em Santa Maria, Porto Alegre, São Paulo, Nova York ou Cannes.

Viver o mundo da publicidade é enxergar esse cenário à parte. Só que, para olhar tudo isso de forma isenta, é preciso tirar a cabeça de dentro do rio para respirar, é necessário enxergar que não precisamos nos defender da verdade, mas aceitá-la para ver se queremos continuar fazendo igual ou mudar. No fundo, as premiações que se espalham ao redor do mundo na área criativa não são apenas baseadas na criatividade em si, mas em um orgulho que precisa ser alimentado.

Alguns vão dizer que o prêmio é só consequência, e isso é bom. Mas outros vão concordar que, muitas vezes, eles são a própria causa. Ou você vai me dizer que as agências têm contas filantrópicas porque todos os corações são generosos? Não, não é por isso. Em alguns casos, até pode ser. Em outros, é porque existe a liberdade de fazer um trabalho muito criativo, o que não acontece com muitos clientes que têm Diretores de Marketing atrasados e que olham apenas números, matando as boas ideias. Com naturalidade, esses clientes filantrópicos permitem mais espaço para aprovação de ideias sensacionais e, claro, prêmios que surgem em algum festival. Na publicidade, nem tudo são flores. Os espinhos são diversos. Quem não conhece pode até se admirar com as belas rosas que florescem. Mas, quando se aproxima a mão, os espinhos também machucam. Os prêmios conquistados são depositados na prateleira da alma, com suas luzes reluzentes e os sons de aplausos, atraindo a vaidade e a cobiça por mais.

Sobre o lado bom dos prêmios não vamos discorrer aqui, por já existirem diversos artigos e pensamentos sobre o assunto nesse sentido, valorizando o fato de serem a baliza de boas ideias. Aqui vamos ver o lado B, a sujeirinha embaixo do tapete. E a roupa suja que se lava em casa será lavada nestas linhas. Não para bagunçar o coreto, mas para afinar o que está destoando. Será que daqui a muitos anos tudo vai acontecer da mesma forma? Ou será que, em um mundo um pouco diferente, em que as pessoas estarão mais espiritualizadas, todas essas premiações terão a mesma importância de agora? Será que investir no concurso A, B ou C será prioridade para mostrar aos clientes que a empresa é realmente criativa? É preciso comprovar com prêmios toda essa capacidade? É emergencial fomentar esse orgulho de nossos criadores como se fossem semideuses? Será que a publicidade não está ainda em um estágio infantil? Esta é a pergunta que eu faço para você que trabalha na área atualmente: é o ouro na prateleira ou é o verde nas matas que vai mudar a história? Aí alguém pode dizer: "Mas uma boa ideia pode salvar o planeta, e isso vale ouro". Ótimo! Vamos, então, filosofar sobre a intenção de ser e não apenas sobre o ser em si mesmo.

O mundo sempre foi feito de ideias, em todas as áreas. Só que, na publicidade, elas têm um caráter único, como se fossem mais grandiosas. Não, não são. Todo dia, em todos os lugares, a vida anda com boas ideias. São elas que transformam, que repercutem, que fazem o dia de hoje ser melhor que o de ontem. Elas apenas são o que são na sua própria essência. Quando chegar em casa hoje, olhe tudo com mais calma. Quando ligar a luz, lembre-se de que aquilo partiu de uma ideia. Quando abrir a geladeira, idem. E faça isso com o restante: fogão, *split*, televisor, computador, internet, telefone e qualquer outra coisa. Tudo nasce de uma ideia. E talvez ela não precise de prêmios, porque será boa por si mesma. E, assim, estaremos avançando como humanidade no sentido da humildade. Mas isso será possível? Talvez quando, em cada ponto do mundo, em cada publicitário e em cada empresa, esse desprendimento começar a acontecer de uma forma mais sutil. Porque as correntes que prendem, na maioria dos casos, são feitas pela própria ilusão da necessidade que não existe. Lembro-me de um *workshop* criativo de que participei em que foi contada uma história muito interessante. E aqui a divido com você:

Em certa época, na África, uma tribo tinha como costume capturar macacos de uma maneira muito sutil e inteligente. Eles cavavam um pequeno buraco na terra, com uma largura determinada, e nesse espaço colocavam pequenas frutas. Então, era só esperar. Logo, o macaco chegava perto, via que não tinha ninguém e colocava a mão para pegar as frutas. Quando fazia isso e fechava a mão para fugir, ficava preso, porque sua mão fechada não permitia a fuga. Ela ficava trancada no pequeno buraco.

Essa história foi utilizada para mostrar que na vida, muitas vezes, temos que soltar o que estamos agarrando para sermos livres de verdade. Liberdade de escolha, liberdade de consciência e liberdade de espírito. O macaquinho, como não soltava as frutas, se tornou presa fácil de ser capturada. Se as soltasse, a mão sairia da mesma maneira que entrou.

Qual fruta você está segurando neste momento da sua vida? Os prêmios não são parecidos com a fruta? O orgulho, se existir, não se assemelha a tal fruta também? Essas são apenas suposições, pois cada um sabe da própria história. E essas perguntas apenas instigam a consciência para alguns questionamentos, sejam eles quais forem. Para seguir a caminhada, muitas vezes precisamos abrir mão de muita coisa. E, em cada escolha, há uma renúncia. A escolha é de cada um. Nada é imposto. Apenas refletimos, trocamos opiniões, pensamos em novos caminhos, reinventamos velhos e seguimos. O que você deseja para a sua vida agora? Está da maneira que você sempre sonhou? Se a resposta é não, pense nas frutas. A escolha de largar é sua, apenas sua.

Ah! Talvez você esteja se perguntando onde estão os meus prêmios. Coloquei todos no lixo. No lixo da minha consciência e no lixo de casa mesmo. Já era hora de abrir a mão. E seguir.

ESPIRITUALIDADE X MATERIALISMO

A incessante busca por nós mesmos é que faz a grande diferença para nossa evolução. Como desejamos mudar o mundo inteiro se em nosso íntimo existem tantas falhas e faltas? "Se cada um de nós consertar por dentro o que está desajustado, tudo por fora estará certo", diz André Luiz, na psicografia de Chico Xavier. A busca espiritual se torna o caminho de luz e não de fanatismo quando se permite encontrar a verdade. O caminho é cheio de pedras, mas, balizado com amor, perdão e compreensão, seguimos na jornada evolutiva, que não cessa.

Particularmente, preciso destacar este ponto na minha própria história para permitir que você entenda o porquê do discurso sobre espiritualidade x materialismo. Nasci em uma família católica, o que contribuiu para que assistisse a muitas missas. Ao mesmo tempo, tinha outras linhas de pensamento. Aos poucos, busquei novos caminhos. Entre eles, mais tarde, muitas conversas com um pai de santo e o estudo da Conscienciologia e Projeciologia, na linha de Waldo Vieira, que antigamente trabalhou com o próprio Chico Xavier em muitos momentos. Como essa busca espiritual sempre fez parte da minha história, prossegui estudando uma doutrina que sempre esteve em mim, "já sabendo" muito do que ela dizia mesmo antes de ler diversos livros: a Doutrina Espírita. Comecei a "domar" a minha mediunidade com mais afinco estudando na Escola de Médiuns do Centro Espírita Luz da Esperança de São Francisco de Assis (CELE), participando de grupos de estudo e trabalhando em uma Cabine de Saúde. Durante a minha caminhada, também busquei outros estudos, como o Reiki, por exemplo. Fui iniciado no Nível I. Mais tarde, fiz o Nível II. Depois, o Nível IIIA, repetindo todos mais de uma vez para reciclagens, que são sempre ótimas. Fiz o curso de Terapeuta Floral e de Magnified Healing. Acredito que todas as formas de busca da espiritualidade têm o seu valor e significado. Tudo isso me mostrou que todos os caminhos devem ser respeitados, se servem ao bem, ao amor e ao próximo. Nessas histórias há muito mais do que descrevi aqui, com experiências mediúnicas, certezas da continuidade da vida e tudo que me faz acreditar na frase de Theilard de Chardin: "Não somos seres humanos vivendo uma experiência espiritual, somos seres espirituais vivendo uma experiência humana". E, como disse para a minha irmã menor certa vez, quando ela também decidiu seguir pelo espiritismo, pelo estudo e trabalho na doutrina: "Não segue a mim. Segue o seu próprio coração. Porque se eu decidir mudar amanhã de caminho, eu tenho a liberdade de mudar. Segue a sua própria história e aquilo em que você acredita".

Juntando esses pontos e fazendo uma conexão com o materialismo que faz parte da nossa existência terrena, permito-me discorrer um pouco sobre o assunto. A forte vivência no mundo espiritual e no mundo do consumismo fomentado pela publicidade me proporcionou visualizar com um pouco mais de clareza e discernimento os mundos que se interligam em muitos momentos: matéria e espírito; "terra" e "céu", no sentido amplo das palavras. O materialismo, quando bem empregado, não é ruim. Ele faz parte da nossa existência, é fruto do nosso trabalho poder buscar conforto para nós e para aqueles que nos cercam. Sem falar naqueles que utilizam o lado material para estender os braços para muito mais pessoas. A dignidade que nos move pode ser bem aproveitada quando adquirimos um produto ou escolhemos um serviço. Ao mesmo tempo, a busca dessa espiritualidade segue firme e forte, na essência de tudo. Porque tudo deriva do espiritual, e não do corporal. E tudo o que fizermos de nós vai continuar após o nosso desencarne. O que obtivermos materialmente, necessariamente vai ficar aqui mesmo. A grande questão é que o materialismo muitas vezes fala muito mais alto quando a pessoa tem o lado espiritual pouco desenvolvido, acreditando realmente que a felicidade está no produto e não na sua própria essência desse ser que é imortal. Nesse caso, a busca do novo torna-se incessante, tentando preencher espaços no seu interior que somente o lado espiritual pode ocupar. Não é o novo sapato, o novo carro ou a nova TV que irão fazer isso.

E a publicidade? Como já falamos anteriormente, embora não seja determinante ou culpada pela falta de espiritualidade das pessoas, ela é o próprio combustível desse consumismo e, portanto, tem sim a sua parcela de responsabilidade pelos caminhos seguidos por tanta gente. Você pode viver sem o produto novo, cujo argumento é um benefício que foca somente na satisfação do prazer. A vivência no mundo estritamente material gera angústias e insatisfação porque, a cada compra que se encerra, um desejo de novidades se faz presente, incentivando mais a busca pelo que está do lado de fora do que pelo que está do lado de dentro. Quando a pessoa busca a si mesma, seja na Doutrina Espírita, no Budismo, na meditação, na Yoga ou em outro caminho em que se sinta completa, vai se reconhecendo. E, ao se reconhecer, começa a perceber que a falta a todo instante de algo material pode não ser o que precisa para viver e ser realmente feliz. Essa descoberta pode ser rápida, lenta ou muito lenta.

Muitas pessoas passam pela vida com uma proposta mais rasa dessa busca espiritual, e isso não pode ser condenado, muito menos julgado. O que podemos citar é que diversos problemas de saúde física e mental se instalam pela falta de perspectiva na vida. É o encontro com a própria história que nunca acontece. Quem sou eu? O que estou fazendo aqui? Para onde vou? Quando as doenças da alma se instalam, a busca por ajuda se torna mais veemente. Só que, mesmo assim, em muitos casos, a pessoa não percebe tudo que aconteceu para estar assim, querendo rapidamente um remédio e a solução imediata para a sua dor. E nesses dias de instantaneidade absoluta, muitos vão adoecendo, não enxergando além do óbvio e cristalizando as ilusões que são vendidas como verdadeiras. A maçã de plástico toda envernizada em cima da mesa vira a nova tentação, parecendo o espelho daquilo que não é. Podemos notar que todo ser humano que faz essa busca constante e procura melhorar-se invariavelmente começa a caminhar com os próprios pés para o seu interior. A busca fora é o encontro com a busca que vem de dentro. E, aos poucos, novas luzes vão surgindo, com olhares diferentes para pontos que antes não eram vistos, assim como novas reflexões mais consistentes sobre tudo que vai além da superficialidade. Nessas descobertas, a valorização superestimada de produtos não se torna o mais relevante.

Uma situação muito emblemática disso aconteceu em um Dia dos Pais, em que, pelas mídias sociais, amigos e pessoas conhecidas contavam histórias sobre os próprios pais, colocavam fotos, mensagens e tudo que trazia muita emoção. Em nenhum momento visualizei os presentes que eles tinham recebido e que, muitas vezes, foram mostrados em comerciais como essenciais para uma alegria nesse dia especial. Ou seja, a realidade é que todo pai fica (ou deveria ficar) feliz com a própria felicidade dos filhos, de união, de carinho, de um encontro, de um beijo, de um abraço e das coisas mais singelas da vida. E nessa relação de espírito para espírito, é isto que vale acima de tudo: os momentos. Claro que um presente pode ser uma lembrança, mas cabe ressaltar aqui com todas as letras: não é o mais importante. Não mesmo. As palavras do cartão sempre vão estar acima de qualquer presente. E isso merece uma total compreensão pela não inversão de valores.

Valores esses que, muitas vezes, se perdem, quando as pessoas acreditam que é o presente que realmente vale e que a sua importância é ditada pelo preço. E quando os comerciais reforçam essa tese, o caminho está sendo ao contrário. Que cada pai continue ganhando seus presentes, mas que tudo seja mais límpido, mais verdadeiro, pois se não ganhar presente algum, o seu dia será da mesma forma especial. E quem é pai pode comprovar o que está sendo dito aqui. Para outras datas, vale o mesmo sentimento.

Um assunto como espiritualidade não poderia ser citado apenas em um capítulo, mas em milhares e milhares de páginas, por ser vasto e com temas abrangentes em diversas áreas. Somente Francisco Cândido Xavier, o nosso querido Chico Xavier, psicografou mais de 400 obras. E todo o lucro obtido com a venda, cabe ressaltar, foi destinado à caridade. Divaldo Franco, outro grande médium e orador espírita, publicou mais de 250 livros, além de desenvolver, ao lado de Nilson de Souza Pereira, a Mansão do Caminho, grande instituição que ajudou e ajuda tantas pessoas. Trazendo um pouco para o sentido da vida, olhemos mais no futuro, no último dia da sua vida neste plano. Você não vai olhar a marca da roupa que está vestindo, se o tênis é da última coleção, se o carro que está na garagem é o mais potente, pois o importante nesse momento crucial da existência é o que você deixou para o mundo e para aqueles que conviveram ao seu lado. E tudo isso passa pelo amor. O amor não se compra em nenhum lugar porque não vem embalado. O amor é o que é, sem formas e sem dizeres. É o coração falando para outro coração. Nesse momento futuro, que um dia chegará para todos, relembro a frase dita por Divaldo: "O que temos, nós deixamos. O que somos, nós levamos". E que bom que podemos sempre seguir em frente, levando o que realmente importa.

Das coisas mais simples da vida, ficam as boas lembranças. Daquilo que foi feito para o outro, na bondade de dias que valeram a pena ser vividos. Essa entrega, essa caridade no dia a dia que marca com força e traz a constante de que viver esse espírito já em vida é o que faz a grande diferença, pois o corpo de carne fica, como uma roupa usada que deixamos. Agradecemos a essa roupa, mas o espírito segue viagem para uma nova caminhada. Então, agora é a hora de se perguntar: o que estamos consumindo e vivendo a partir do que vemos nos comerciais realmente é o que constrói o verdadeiro espírito? E será que, quando você está pensando sobre tudo isso, está refletindo com a própria mente ou com a mente coletiva do que querem que você pense? Seja você uma pessoa de outro ramo ou da própria comunicação, você está lendo o que os outros queriam que você lesse ou é a sua essência que está concordando ou discordando de tantos argumentos? Não dá para enganar a si mesmo o tempo todo. Em algum momento, a luz aumenta e se torna tão poderosa que ilumina as sombras. Esse é o caminho. Permitir ver a própria sombra e o tamanho que ela tem. Porque, se você não conhece o tamanho da sua sombra, não conhece o tamanho da sua própria luz.

AINDA NÃO CHEGAMOS LÁ

A publicidade mudou bastante ao longo da sua existência. Hoje, as ideias já não têm mais "donos" como no processo antigo em que somente a Criação poderia elaborar algo nesse sentido. Ideias chegam do cliente, do planejador, do *motoboy* que chega da rua com uma novidade e do próprio consumidor, que se tornou protagonista com as mídias sociais e com o seu poder de, em um simples vídeo, por exemplo, ajudar a construir ou destruir uma marca. Muitos constroem, muitos desconstroem. A hierarquia de pensamentos também vai aos poucos se tornando horizontal, com uma parcela considerável da população tendo um poder maior. Claro que tudo isso ainda está em um processo de construção, em que empresas, clientes e consumidores jogam o novo jogo. A bola rola em mais direções, vai mais alta e aponta para um rumo promissor no sentido da busca de soluções mais inteligentes para as próprias marcas e para o planeta. Isso porque o consumidor está acordando e já sabe que não precisa mais engolir o remédio que querem que ele engula. A capacidade de discernimento se amplia e a inteligência, de certa forma, induzida em muitos pontos, também aparece em outros, clareando o horizonte.

A mudança, que ainda acontece lentamente, mostra que mais pessoas estão preocupadas com a Terra e com tudo que envolve a saúde desse ambiente. Esse fato e as comunicações das empresas estão intimamente relacionados porque, quando o consumidor enxerga as boas ações de uma marca, isso se propaga em escala massiva. A responsabilidade social ganha força. O vender por vender ainda tem o seu peso, mas vai perder em proporção quando cada pessoa reconhecer tudo com mais clareza. Comprar por comprar pode ser banal em muitas esquinas, mas as novas gerações começam a não aceitar mais algo imposto de cima para baixo. É preciso ser mais do que inteligente, é fundamental ser verdadeiro. A marca que souber utilizar todo esse vento a seu favor irá se destacar. Não apenas no discurso da sua comunicação, mas executando na própria empresa os ideais do bem que ganham ouvidos de consumidores menos ávidos apenas pelo novo produto. É necessário saber se a marca escolhida utiliza fornecedores que se preocupam com o meio ambiente em suas ações. É preciso saber como essa marca trabalha com o seu público interno. As pessoas são felizes? Trabalham com metas forçadas de maneira desumana? É o momento de saber se a publicidade se encerra em si mesma ou tem algo de valor para entregar.

Muitas máscaras estão caindo. Os espaços publicitários ganharam mais luzes e os olhos do mundo estão mais acesos, mais interessados em olhar por trás da câmera e não somente para o que está sendo mostrado. Antes, as pessoas estavam acostumadas a olhar somente dentro da caixa, esquecendo todo o entorno. Agora, aos poucos, um novo sol vai surgindo. Grandes corporações estremecem porque suas ideias de poder e continuidade podem estar ameaçadas na próxima *start-up* que surge no porão de uma casa, na ideia de um menino que ainda nem chegou à adolescência. O mundo muda a cada novo segundo de uma forma que não se visualizava antes. As pessoas não vão mais aceitar uma marca apenas por fazer um comercial de um minuto em horário nobre com uma mensagem bonita e cores impecáveis. Vão aceitá-la por seu conteúdo ter relevância prática; por sua história não estar focada apenas em bater metas, mas pelo compromisso com o todo; e com a sua responsabilidade maior de ajudar a construir um mundo mais justo, mais honesto e mais saudável para se viver. É difícil? Claro que é. Mas ninguém disse que seria fácil. Se estamos neste plano e neste momento da existência, cabe a nós fazermos a nossa parte. Ou você, que trabalha com publicidade, tem completo orgulho de tudo que acontece na área para olhar nos olhos do seu filho e falar: "Meu filho, este é o mundo que eu quero para você!". Com certeza, sua resposta não é essa porque você não quer tudo o que este mundo está fazendo para o seu filho. Você não quer que ele compre por comprar. Você não quer que ele seja completamente alienado a ponto de olhar para um comercial sem entender o que está por trás daquilo. Agora, se a sua resposta é o contrário, ou você não tem filho ou não se importa com ele. Desculpe, mas é preciso ser direto neste sentido. Não temos mais tempo para esconder o sol com a peneira, porque o sol não vai pedir permissão para passar. A luz vai invadir o escuro que tiver que invadir, assim como iluminará tudo que está estabelecido em favor de alguns.

Do jeito que está não pode mais ficar, porque a história pede novas atitudes. Chegar em outro patamar exige essas mudanças, graduais e contínuas. Talvez possa doer um pouco. Talvez alguém perca um pouco. Talvez alguns chorem com as perdas. Com certeza, pelo bem maior, é necessário que cada marca, cada empresa de comunicação, cada pessoa que trabalha ou vá trabalhar com publicidade entenda cada vez mais a grande responsabilidade de fazer isso com muito critério. Vale para você e vale para mim. Não é porque estou falando sobre o assunto que me isento da minha história. Fiz parte desse processo, estive dentro das quatro linhas. E também já errei em muitos momentos. Mas chega uma hora em que precisamos ir para o intervalo. Lá, o treinador passa novas táticas. Os companheiros conversam uns com os outros. Escolher qual camisa vestir vai de cada um, faz parte da vida e do livre-arbítrio. Logo voltaremos para o segundo tempo. O jogo vai recomeçar. A torcida vai estar mais atenta. Seu filho vai estar na arquibancada. Você até pode errar um gol, pode errar uma cabeçada ou um passe curto, mas não pode deixar de jogar com amor. Ame sem esperar nada em troca. Ame o seu filho. Ame os seus pais. Ame o seu vizinho. Ame o seu bairro. Ame o seu planeta. E com todo esse seu amor, as mudanças continuarão acontecendo. E com a sua permissão, você se tornará um rio em direção ao mar. As pedras no caminho continuarão existindo. Elas sempre existirão. Mas lembre-se: o rio não se importa com elas, ele apenas segue o seu fluxo. E desvia, se precisar desviar. Mas nunca para.

O MUNDO AINDA É MACHISTA

Poderíamos nem entrar neste capítulo, se todos fossem um pouco mais piedosos e cheios de amor, mas não é o que acontece ainda em sua plenitude. Nos dias em que vivemos, ainda encontramos uma violência exacerbada contra o sexo feminino. Não sou eu quem está dizendo isso, são os números. É só olhar as notícias que você vai encontrar muito sobre a violência contras as mulheres. Estupros, agressões físicas e assassinatos são comuns a cada nova atualização em uma página de internet. E o pior de tudo, parte dessa violência acontece por pessoas conhecidas dessas mulheres. São maridos, ex-maridos, parentes, alunos violentos contra professoras e muito mais. Claro que os casos de desconhecidos que cometem tais atos também são grandes. Muitas vezes, tais crimes nem aparecem, devido à falta de denúncias pelo fato de a agredida se sentir com medo e acuada. Não é possível aceitar isso em um silêncio velado.

Alguém pode levantar o dedo e dizer: "A publicidade não tem nada a ver com isso". É verdade, não tem a ver com a violência que diversos homens praticam. Mas tem a sua responsabilidade em outro sentido. Porque a história mostra a mulher sendo "coisificada" em muitos comerciais: como o alvo da conquista, como a paixão desenfreada do sexo, através do comercial bem produzido que ajuda a embalar o consumismo do produto, trazendo-a para exacerbar esse desejo em poucas e minúsculas roupas.

Já que entramos no mérito da publicidade, vamos continuar nele, apesar de poder falar em outros tantos conteúdos, como programas de auditório, seriados e novelas, em que o personagem feminino traz com ênfase o rebolado para não perder a audiência. Por que perpetuar esse machismo que não leva a nada? Por que ainda, em sua grande maioria, as mulheres ganham menos do que os homens? Por que muitas mulheres, desde cedo, aprendem a ficar caladas? Aos amigos que criaram comerciais com esse enfoque, que criam conteúdos com essa perspectiva ou que ainda vão entrar no mercado publicitário para se tornarem seres pensantes nesse segmento, que o despertador seja colocado para tocar agora, pois é hora de abrir os olhos. A consciência está acordando em um maior número de pessoas e essas mesmas pessoas não vão mais admitir comerciais em que colocam a mulher em uma posição degradante. Já vemos essa mudança em algumas marcas, que entenderam isso com o passar do tempo e já alteraram seus posicionamentos para outro enfoque. Mas, como nem todos andam lado a lado, muitos aceitam calmamente e com naturalidade comerciais que tratam a mulher como esse objeto na prateleira. E a mulher que aceita fazer papéis em campanhas assim, seria o quê? No meu ponto de vista, também seria machista, ajudando a perpetuar algo que é muito forte na sociedade.

Desde o tratamento dos pais em relação às filhas e aos filhos, vemos algumas diferenças. Em muitos casos, ainda não é igual, pois o homem foi ensinado que pode tudo, deixando a mulher em um segundo plano para acreditar que é mais frágil e precisa de limites maiores que não são dados aos meninos, criando as diferenças desde sempre. E aqui vale ressaltar que essa força estabelecida é uma grande mentira, porque não estamos falando de força física. Na inteligência, tudo se equivale. A força do espírito está em cada um. O mundo vai ficando cego se continuar pensando dessa forma. É preciso, antes de tudo, pensar com respeito. Criar com dignidade. E criar com dignidade é também respeitar a escolha das pessoas. Elaborar conteúdos é pensar se aquilo vai trazer benefícios. Como podemos notar, a responsabilidade é muito maior do que se imagina. Então, antes de sair criando uma ideia de uma mulher de biquíni que passa e os homens paralisam, dê uma pausa, levante da cadeira, pegue uma xícara de café e em cada gole repense essa história. Melhor ainda, repense a sua história e o que você quer deixar construído daqui para frente. O que vai ser feito neste próximo trabalho?

Como sabedor da minha grande ignorância em muitos assuntos, faço tantas perguntas porque não tenho todas as respostas. Por isso, este livro é mais do que páginas em sequência, é uma obra aberta para ser construída ao seu lado. Aproveito para sugerir que você lembre de alguém que o ajudou muito, como uma mãe, uma avó, uma irmã ou uma grande amiga. Agora, coloque uma dessas mulheres neste comercial machista. Tenho a plena convicção de que ninguém fará isso. Porque o amor fala mais alto. O respeito fala mais alto. A moral indica que essas pessoas conhecidas não merecem isso. Então, caro amigo, se essas mulheres não merecem isso, nenhuma mulher merece. Para elas, que os próximos 30 segundos de um comercial respeitem a sua integridade. Homens, façam parte dessa luta. Porque elas podem lutar sozinhas, mas se unirmos forças, será muito mais fácil. Chegou a hora de emparelhar a linha de frente com muito mais pessoas no mesmo ideal. E no próximo comercial em que a mulher for utilizada como um "produto de prateleira", subjugada pelo seu sexo, troque de canal e, principalmente, troque de marca. Estamos em um mundo em que temos o poder da escolha. Pelo menos em uma boa parte dele, pois sabemos que não é assim onde ditaduras imperam. Se uma marca não entende que certos pensamentos não cabem mais, e se insiste em seguir por uma estrada que não tem mais seguidores, está cavando a própria cova.

Sei que um assunto tão delicado e propenso a diversos debates pode render horas e horas de discussão. Toda conversa vai ser salutar para trazer novos ares para a sociedade. Respirar esse oxigênio vai fazer muito bem à saúde. E, ao passar pelo próximo *outdoor* ou olhar aquele comercial na TV com mais biquínis do que ideias, com mais fortalecimento da cultura machista do que igualitária, lembre-se de que nada foi por acaso. Alguém criou, alguém gostou e alguém aprovou. O que sugere que, mesmo que alguns digam que não, isso ainda está enraizado na nossa cultura. E não adianta bater o pé e balançar a cabeça, a não ser que seja para dançar ao som do grande Erasmo: "Dizem que a mulher é o sexo frágil, mas que mentira absurda. Eu que faço parte da rotina de uma delas, sei que a força está com elas".

Finalizo com uma carta aberta que fiz para meu filho, quando, em maio de 2016, na cidade do Rio de Janeiro, uma adolescente foi estuprada por vários homens. Ela foi mais um caso, já que uma mulher é estuprada a cada instante no Brasil.

Querido Pedro,

falo de um lugar distante do seu futuro, pois você ainda é um menino. Este é um texto sobre meninas e mulheres. Saiba que elas não são menos do que você. E você não é mais do que elas. Guarde isso desde agora para a sua vida toda. Elas são espíritos livres que têm os mesmos direitos, os mesmos deveres e a vontade de serem felizes e amadas como todos nós. Respeite. Respeite a sua coleguinha de classe agora. E continue respeitando todas durante a sua vida. Sua mãe, suas tias, suas avós, suas amigas, suas colegas de trabalho. Não coloque nenhuma em um pedestal, justamente pelo perigo de olhar para cima. E olhando para cima, na relatividade do mundo, também vai olhar para baixo, porque pode considerar que muitas estão em um ponto de inferioridade. O plano de visão é olho no olho, é coração para coração, é verdade para verdade. Nem acima, nem abaixo. Igual. Ela é igual a você. Você é igual a ela.

Se eu pudesse explicar o que aconteceu no Brasil, diria que não foram 30 homens. Foram milhares deles, que fazem isso nas esquinas, nos metrôs, nas casas e nas conversas de bares e banheiros como algo normal. Mas saiba de uma coisa: eles não são todos. Muitos meninos viraram homens de verdade. Aqueles que trazem a honra no peito e na moral. Não faça isso apenas por elas. Faça por você mesmo e por sua história neste plano. Hoje, você tem apenas 6 anos. Mas logo vai ter 16, idade em que os hormônios podem falar mais alto. Talvez nesse ponto da história, essa carta comece a fazer mais sentido. Entenda que "pare" não é "continue". Entenda que não é não. Mesmo quando a cultura do estupro diz que não é sim. Você ouvirá a frase antiga que diz que em uma mulher não se bate nem com uma flor. Mas essa frase já é ultrapassada, porque teria que ser reduzida para "em uma mulher não se bate". Ponto final.

E é bom saber desde agora: você vai encontrar no caminho mulheres mais inteligentes que você em muitos aspectos. Não vá contra elas. Aprenda aquilo que pode ser aprendido. Todos nós temos algo para aprender e ensinar. Quando seus amigos falarem o contrário, seja o pilar da defesa. Desde pequeno você verá as brincadeiras de bandidos x mocinhos. Espero do fundo do meu coração que você sempre escolha o lado do bem. Mocinhos não são príncipes, são apenas seres que valorizam o certo, o que deve ser seguido pelo bem não só delas, mas de toda a humanidade. Se existe ataque, seja a defesa. Se existe força do lado em que não gostaríamos de vê-la, seja a força do lado que deve predominar. Talvez se alguns homens fossem ensinados desde cedo sobre esse respeito, muitas coisas mudariam. E acredito que estão mudando, pois uma multidão se levanta contra barbáries. Essa luta não é só delas, meu filho. Essa luta é das mulheres que correm no seu sangue. Faça isso por elas. Faça isso por todas que virão depois delas. A história se reescreve todos os dias. Se é assim hoje, pode não ser mais amanhã. Mas vamos começar agora.

Por mim, pelo machismo perpetuado, pelos meus amigos e por você que ainda não entende o que estamos falando com tanta propriedade, mas já pode ser um grande homem. Mesmo ainda sendo um menino.

Um beijo do teu pai,
Fábio.
Porto Alegre, 27 de maio de 2016.

NÃO TEM COMO NÃO FALAR

Se comerciais de cigarro não podem mais ser veiculados, por que os de cerveja ainda podem? Não seria uma dualidade um tanto estranha? Este é um capítulo que está sendo desenvolvido para ser amplamente debatido pela sociedade brasileira. Já vejo as opiniões se separando em grandes grupos do "sim" e do "não", do "pode" e do "não pode". Antes, chamemos a turma do "deixa disso" para acalmar os corações dos mais exaltados, para que esta se torne uma oportunidade viável para pensar com tranquilidade sobre um assunto tão complexo.

Cada vez que enxergamos comerciais de cerveja, a festa, a alegria, o bem-estar e a convivência entram em cena, mostrando pessoas que se sentem ótimas através dessa ótica. O álcool está ali, nos brindes dos copos que se encontram a cada novo *tim-tim*, nas cores vivas e nos sorrisos sempre abertos. Falemos do livre-arbítrio, em que cada um pode decidir beber ou não, e pode escolher se vai beber um copo ou um engradado. Só que entramos neste ponto delicado pelo viés do papel da publicidade. Senão é muito fácil fazer qualquer coisa na vida e justificar sempre de maneira simplória: "Mas compra quem quer". Isso muitas vezes soa como se fosse a maior explicação para tudo. A publicidade precisa entender o tamanho da sua responsabilidade quando embala um produto dessa natureza. Nos comerciais, as pessoas estão conectadas e parece que para a festa continuar tem que chegar outro caminhão de cerveja. Conheço muitas pessoas que falam em cerveja como a oitava maravilha do mundo, e que, sem ela, a festa nunca seria a mesma. Não estou aqui dizendo para alguém que é necessário parar de beber a sua cerveja. É preciso salientar isso porque alguns podem sugerir fanatismo e que estou apenas querendo encerrar o assunto com um "não consumo". E, novamente, a visão não é por esse lado, e sim pelo lado de pensar sobre a formatação da cerveja nesse *marketing* que sugere uma vida feliz sempre ao lado de tal produto. Aí, alguém pode dizer: "Você não queria que o comercial mostrasse tristeza, não é? A gente está anunciando algo e não dá pra vender depressão porque tristeza e cerveja não combinam". É verdade, a frase faz sentido porque vender cerveja com tristeza é um tanto estranho, mas é muito do que acontece do lado de fora do comercial, porque as mortes ligadas ao consumo de álcool são enormes.

Além da alegria que se estabelece nos comerciais de cerveja, podemos lembrar outros conteúdos que mostraram muito machismo ao longo da história. Se ainda mostram, é você quem vai dizer. Olhe para os próximos comerciais e diga se ainda acontece ou não. O que podemos afirmar é que mensagens chegam com emoção, embasadas em ideias que despertam o olhar e têm um grande poder de persuasão. E essa é a função da publicidade: persuadir. É o convencimento para escolher aquele produto. E não importa se alguém está morrendo neste exato instante no hospital mais próximo porque se deixou levar por essa persuasão. Não importa porque essa pessoa é uma desconhecida. E é apenas mais uma na lista. Vai para a conta das estatísticas e fim. Mas ela bebeu somente por causa do comercial? Talvez não. Talvez o comercial não tenha nem sido visto e, mesmo assim, ela tenha bebido por hábito. Mas talvez sim. Analisando o "sim", vemos que ela pode ter bebido por também entender em algum instante que aquela emoção do comercial podia fazer parte da sua vida. Mesmo compreendendo que aquilo era apenas um comercial, de alguma forma o conteúdo proposto pode ter atingido a sua mente. E se atingiu a sua mente com alguma força, quer dizer que a intenção funcionou. Não sabemos o caso de cada pessoa e suas motivações. Sabemos que tudo é muito mais amplo que apenas o intervalo comercial, mas não podemos ficar na isenção de acreditar que o comercial em si não tem força alguma. Tem tanta força que a sua motivação de estar ali é causar um impacto. E se impactou, pode estimular a venda. E se vendeu é porque funcionou de alguma maneira. Por isso, essa questão é tão delicada e dá margem a diversos comentários e pensamentos. Isso é muito bom e não podemos nos abster de falar sobre assunto tão importante.

Dizem alguns que "o machado pode cortar para fazer lenha, mas também pode assassinar". Sozinho, ele não faz nada. Depende apenas do objetivo da pessoa. A frase pode ser analisada com essa intenção de sempre passar a bola de um para o outro, com base na escolha que é possível fazer a cada novo segundo. Sinceramente, respeito essa opinião, mas acredito que nem sempre podemos usar a mesma lógica para tudo. Nem tudo pode ser definido por meio de frases prontas. Porque, se for para ter lógica, voltamos ao cigarro para entender a motivação de um poder ter comercial e o outro não. E se for para usar a lógica, vamos utilizá-la pelo lado contrário de tudo: "Se não é o comercial que estimula a pessoa a beber e escolher a marca da cerveja, então por que anunciar?". Simples assim. A utilização de uma inversão de pensamento é somente para mostrar que tudo pode ser utilizado para o lado que se quer ver.

As pessoas vão continuar bebendo? Sim. As pessoas vão continuar morrendo por causa do álcool? Sim. As pessoas vão continuar vendo os comerciais de cerveja na televisão? Por enquanto, sim (se um dia isso mudar, risque essa parte do texto). E qual a relação de uma coisa com a outra? Tem relação? As pessoas se sentem motivadas a beber depois de ver o que é ofertado em alguma mídia? A publicidade tem responsabilidade sobre essa questão ou só anuncia e cada um decide o que quer beber e quanto quer beber? Os comerciais que utilizavam mulheres com apelo ao desejo não serão mais feitos? Se as mesmas leis do cigarro fossem colocadas para a cerveja, quais seriam os impactos? O consumo iria diminuir? Como os jovens deixariam de ser impactados com essas mudanças? O filho que vê o pai bebendo leva isso como exemplo para replicar quando for maior? Você que é publicitário, criaria um comercial de cerveja ou se sentiria um pouco incomodado com tal trabalho? As marcas de cerveja precisariam de leis mais incisivas como as do cigarro (imagens de advertência nas embalagens), mostrando as consequências do uso abusivo do álcool? Se você fizesse um resgate mental de comerciais de cerveja que já viu, quais foram os melhores e quais são os mais lembrados até hoje? E por quê? Se a publicidade de cerveja fosse proibida, o consumo diminuiria? Qual o impacto que isso teria na economia do país? O que é mais importante: a economia ou as vidas ceifadas pelo álcool? Este capítulo poderia gerar muitos outros com opiniões de especialistas, pesquisas, pensamentos de publicitários e todos os consumidores. Aqui apenas foram pincelados alguns pontos para abrir a discussão. E você, o que pensa disso?

O QUE QUEREMOS DAS NOSSAS CRIANÇAS?

As crianças de hoje não são as mesmas de ontem. Elas estão nascendo com um *chip* diferente. Não vamos entrar no lado espiritual da questão, porque só isso mereceria um outro livro. Vamos analisar a questão prática, o que estamos vendendo para essas crianças com imagens, sons, conteúdos e uma "adultização" precoce. Cada vez mais, o mundo infantil está sendo encurtado, trazendo essas crianças para a puberdade e para o mundo adulto mais cedo. Apesar de algumas leis em relação à publicidade protegerem mais as crianças em comparação ao passado, ainda estamos longe de uma proteção total desses pequenos olhando para o macro de todas as comunicações. E o fundamental é saber que, mais importante do que qualquer lei, é a moral de cada um neste processo. Em contrapartida, alguém pode questionar: "Então, está tudo bem, a lei já está aí, não precisamos mais discutir nada sobre isso".

Novamente, vamos falar em moral, porque, quando essas proteções surgiram, muitas opiniões contrárias se formaram e ainda se formam com o argumento da dificuldade de criar para esse público infantil com as regras de agora. Só que tudo é maior. E abrimos o espaço não somente para olhar em direção à comunicação da publicidade, mas ao todo que permeia este consumismo desenfreado e que chega de uma forma ou outra também a essas crianças e adolescentes. Faz parte do mundo em que eles vivem e no qual atuam. E eles estão sendo direcionados pelos sinais que recebem a todo instante. A ideia aqui é ampliar e não ser reducionista.

Quando falamos em crianças, logo pensamos na defesa do aspecto físico. Se alguém bate e eu enxergo, levanto e ligo para a polícia, posso fazer uma denúncia anônima, enfim, existem formas de se manifestar contra a agressão. Só que muitas vezes esquecemos que as agressões psicológicas são muito fortes, não aparecendo com roxos pelo corpo, mas com lesões no pensamento e no comportamento, que vão sendo moldados a cada novo momento com todas as informações recebidas. Em casa, se os pais estão presentes e educam, existe uma maior facilidade de despertar a consciência dessa criança com mais força, mas, mesmo assim, também é difícil, pela grande onda que chega em um *tsunami* dos colegas da escola, dos amiguinhos do condomínio ou daquele novo conhecido que vem com outras informações da sua própria casa e acha relevante tudo que é material. Então, não adianta somente proteger as crianças com leis a partir do próximo intervalo comercial. É fundamental a sociedade ampliar o conceito e enxergar mais longe. Vemos crianças que já possuem seu próprio *smartphone* porque os pais não sabem dizer não; o menino que já quer o novo *tablet* porque é de última geração ou aquela garota que usa uma maquiagem de maneira específica para ser parecida com a "fulana de tal", que é a sensação da nova novela. Se falarmos em livre-arbítrio para uma criança, estaremos também sendo omissos. Se deixarmos uma faca afiada em cima da mesa, por exemplo, o pequeno de três anos pode pegar sem nenhum problema. Afinal, nunca cortou a mão e não sabe o que é isso. Mas nós já temos a experiência de saber que um objeto metálico pontiagudo pode machucar. Faca não tem emoção e não pensa. Ela apenas é. Quando enviamos uma mensagem diretamente para o cérebro de alguém, não estamos perguntando se aquela pessoa vai assimilar da maneira correta. Conteúdos e mensagens podem ser salutares, mas também podem ser facas afiadas lançadas com força e velocidade. Por isso, quando leis surgem protegendo crianças e adolescentes, temos que bater palmas e valorizar a parte da sociedade que se preocupa avidamente com isso.

Uma criança, antes de mais nada, precisa de amor. Claro que vamos presentear nossos filhos e crianças, faz parte da vida. Queremos dar uma bicicleta, se for possível. Vamos entregar aquele boneco diferente, se o dinheiro permitir. Mas a reflexão não está em dar ou não dar, não é isso que estamos falando, se alguém ainda não entendeu até aqui o ponto a ser trabalhado. Estamos falando de conteúdos que vão se estabilizando em uma faixa de pensamentos, começam a se tornar uma verdade absoluta e são repassados a esses pequenos como fundamentais. Mas não são. É hora de saber onde estamos realmente e aonde queremos ir. A nova geração que vem chegando é muito especial e cabe a cada um de nós saber protegê-la. É o seu papel. É o meu papel. É o papel dos profissionais da comunicação e da sociedade como um todo. É olhar novamente para a própria infância e trazer essa inocência para o mundo em que vivemos agora. Todos têm a oportunidade de construir diferente e de reconstruir o que está sendo feito nem sempre com acertos. Porque, como um bumerangue, estamos lançando essas crianças ao mundo, e elas inevitavelmente trarão de volta aquilo que ajudamos a projetar nelas. Sim, a responsabilidade é grande. Não existe ação sem consequência. E tudo que estamos executando agora, neste exato momento, tem uma volta certa logo adiante. Talvez algum publicitário esteja se perguntando: "E sobre aquele novo trabalho que está na minha mesa? Eu preciso fazer". Nada é tão fácil quanto parece. Mas não podemos parar de pensar e de compreender que estamos neste ponto da história por algum motivo. E estamos juntos. Ninguém caiu aqui de paraquedas. Em relação a esse trabalho, vale a reflexão: Ele é digno? Fere os princípios de alguém? Traz benefícios ou malefícios? Vou construir esse conteúdo a partir de qual forma? Como vou fazer para alguém comprar? Posso conversar com o colega do lado se não concordar com o que está sendo pedido? Posso levar isso mais adiante para uma reflexão maior? Todos nós temos a oportunidade da manifestação.

Não queremos, com isso, que as crianças de hoje sejam as das gerações anteriores, muito pelo contrário. O tempo não volta e a evolução não para. Mas podemos frear esse ímpeto de querer crianças adultas mais cedo. Essa não é uma necessidade delas. É uma necessidade imposta e induzida para vender cada vez mais. Que tal deixarmos as crianças serem crianças por mais tempo, no seu tempo natural de aprendizado? Podemos permitir uma infância mais saudável se quisermos, captando as conexões do momento atual, mas trabalhando arduamente para não sermos parte desta construção acelerada. Tudo tem o seu processo, como uma planta que nasce, floresce e, então, frutifica. Parece que a sociedade está precisando desse fruto urgentemente, e mais outro e outro, numa aceleração de pessoas como uma esteira de indústria que anda sem parar. Podemos ser agentes dessa mudança em cada novo trabalho e em cada novo desafio na empresa em que trabalhamos. Porque, na frente dos outros, a vergonha pode aparecer e muitos resolvem concordar por concordar, mesmo com o coração dizendo: "Também penso como você. Não quero isso para o meu filho. Ou para o filho do meu amigo". Então, liberte-se. Se você não fizer isso agora, talvez viva uma vida de sucesso, talvez crie campanhas memoráveis e talvez encha a prateleira com grandes prêmios. Mas, lá no fundo, a dúvida nunca vai calar: foi bom para as crianças? Foi bom para a humanidade?

ENTRE A CRUZ E A ESPADA

Para aliviar um pouco, vou contar uma história pessoal. Certa vez, mudei de agência em Porto Alegre, para uma maior. Depois de algum tempo, eu (redator) e o Diretor de Arte recebemos um *job* do maior cliente, que era atendido por outra dupla, que estava em férias. Detalhe: era uma grande marca de cigarros. Grande, não. Gigante. Só que a parte do cliente que a agência trabalhava não era a dos produtos, mas a do social, que era promovido para seus colaboradores. Mesmo assim, doeu na minha alma quando foi dito que a gente precisava realizar o trabalho. Fiquei entre a cruz e a espada. Não podia dizer que não faria a tarefa e nem ser demitido naquele momento. Aceitei sem falar nada. Se fosse hoje, não faria. Como a história não volta, o que ficou registrado não pode ser apagado. Fizemos alguns materiais com conteúdos relevantes que mostravam as ações bacanas que a marca promovia para o seu público interno. Mesmo entendendo todo esse lado, fazer parte da criação desse cliente era um incômodo para mim.

Antes de a outra dupla voltar e assumir novamente a função, chegou um dia que eu não estava esperando. A Diretora de Criação, uma pessoa formidável e querida por todos, me chamou para ir a uma reunião nessa empresa, juntamente com um diretor da agência. Era hora de buscar um *briefing*. Iria para a cova dos leões, pensei. Chegando lá, fomos para uma sala muito confortável. O detalhe é que, de onde estávamos, era possível ver a linha de produção por um grande vidro. Abaixo, no térreo, a fábrica e as máquinas com cigarros e mais cigarros. Eu pensava quieto: "Olha aí as doenças de tanta gente". Por sinal, vale fazer uma ressalva: minha avó materna fumou a vida inteira. Só que os "não sei quantos cigarros da sua história" causaram um grande mal ao seu corpo. Ela teve que amputar uma perna devido a um problema circulatório causado pelo tabagismo. Voltando novamente para a sala, a reunião tinha recém começado. Eu, inocentemente, com a pureza do coração de um garoto vindo do interior, fiz a seguinte colocação para a Diretora de Marketing durante a conversa: "É, todo mundo sabe que o cigarro faz mal". Antes mesmo de poder continuar meu raciocínio, fui julgado e guilhotinado no mesmo instante. Ela, que estava com a cabeça baixa, levantou e olhou dentro dos meus olhos com um fogo que parecia queimar: "Quem disse que o cigarro faz mal?". Na hora, pensei que só podia ser uma piada. Mas vi que era bem sério porque os olhos de fogo ganhavam uma boca espumando de raiva.

Eu, que nunca tive medo de cara feia, queria meu direito de resposta e disse num tom irônico, abrindo os braços: "Ora, quem disse...". Já estava pronto para falar de pesquisas, médicos e todos os argumentos que sempre soube. Mas o diretor da agência, em um passe de mágica, já estava atrás da cadeira dela, sem que ela visse. Movimentava as mãos de um lado para outro, em um gesto imperativo de "Não continua!", "Para por aqui!". E a minha frase ficou no ar, sem continuidade. Não foi permitido àquele garoto dizer o que estou dizendo agora, com mais maturidade e segurança. E para não deixar mais no ar o que não disse antes: "Minha amiga, você quer discutir e brigar comigo sobre esse assunto? Olhe para o lado, abra os olhos, veja quantas pessoas têm problemas de saúde por causa do cigarro. Do alto da sua arrogância, o seu castelo de cartas já caiu. Ninguém acredita mais em defesas indefensáveis".

Olhando para esse tempo passado, sei que me omiti, não falei e aquilo ficou engasgado até hoje. Mas parece que o tempo me deu razão. Lembra daquele *cowboy* famoso das propagandas de cigarro? Pois é, ele morreu*. E morreu por ser vítima de doença pulmonar obstrutiva crônica (DPOC), enfermidade que tem forte relação com o tabagismo. E aqueles surfistas que interpretaram o comercial de outra marca de cigarro? Quem acredita que esporte e cigarro combinam? E minha avó, que já desencarnou, garantiu que naquela sala de reunião eu não tinha o poder, mas tinha a razão. E, assim, todos que trabalham com publicidade se deparam com novos problemas, questões

---

*http://g1.globo.com/ciencia-e-saude/noticia/2014/01/ator-que-fazia-anuncios-de-cigarro-morre-por-doenca-ligada-ao-fumo.html

que talvez não sejam tão drásticas quanto essa, mas sempre dá para escolher o caminho correto porque a verdade é sempre pura e não se curva diante da mentira. Uma hora ou outra, ela aparece. A reunião terminou sem mais controvérsias e levamos o *briefing* do novo trabalho para a agência. Aquela história foi compartilhada com alguns colegas, amigos e familiares. E tudo seguiu naturalmente, como se nada tivesse acontecido. Mas, lá no fundo, sempre que eu via aquela Diretora de Marketing pela agência, fazendo uma visita, me vinha à mente o começo da frase: "Ora, quem disse...".

O LADO B DE CADA UM

Todos nós temos nosso lado B. Só que, em certo momento da vida, é necessário escolher um caminho a seguir no sentido profissional. O lado A vai ser o ponto de partida para uma carreira, o lugar em que ganharemos o dinheiro de cada mês e pelo qual cada um será determinado pelos outros. Sim, é só prestar atenção. Quando alguém pergunta: "O que você é?", a resposta vem de imediato: "Sou publicitário", "Sou advogado", "Sou dentista" etc. A questão é que, na maioria das vezes, as pessoas estão acostumadas a se moldar dentro de uma caixa porque é preciso que as coisas fiquem nas caixas, bem quadradinhas. "Ora, o que eu sou? Eu sou filho do Universo, uma luz neste mundo, assim como você, com seus medos, suas potencialidades, sua própria história, no caminho da evolução". Só que a resposta, geralmente, vem no sentido oposto, dizendo o que a pessoa "faz" e não o que ela "é". E quem recebe a informação já coloca o estereótipo da profissão, fazendo seus neurônios percorrerem os caminhos mais rápidos para definições. "Se ele é isso, então é aquilo". Pronto. Assunto encerrado. A partir de agora, tudo que você fizer estará moldado dentro do pensamento daquela pessoa a partir daquilo que ela é e pensa e não daquilo que você realmente é ou faz.

É mais ou menos parecido com aquele amigo da escola que encontra você 30 anos depois, dá um tapa nas suas costas e faz a mesma brincadeira daquele tempo antigo. Ele acredita realmente que você ainda é aquela mesma pessoa, com as mesmas ideias e o mesmo caminho que escolheu naquele momento. Nós mudamos a cada instante. Hoje, eu não sou o mesmo de ontem. Coisas aconteceram, problemas surgiram, medos foram enfrentados e novos caminhos foram desbravados. Então, por que falar tanto neste lado B enquanto assumimos perante todos o lado A? Porque, durante todo o tempo em que trabalhei, vi muitas pessoas frustradas com o que estavam fazendo. Não foram cinco, nem dez pessoas. Foram muitas, realmente muitas, que não estavam plenas e satisfeitas com o que estavam fazendo. E é impressionante, se tem uma área em que as pessoas têm ideias para o seu lado B, esta área é a da publicidade. Uns queriam ser músicos. Outros, tentar outro projeto, mas o dinheiro não permitiu. Outros, ainda, mudar completamente para outro ramo, talvez abrir uma pousada na praia. Enfim, você pode tentar imaginar todos os projetos de cada um, mas mesmo assim não vai conseguir. Os sonhos das pessoas são distintos e passam por lugares que é difícil perceber. Mas os dias vão correndo, as horas vão andando e novos *jobs* vão chegando. Os papéis na mesa não param de aumentar. Logo é hora do almoço, logo é hora de dormir, logo é hora de voltar, logo é sexta e será necessário trabalhar também no sábado. Opa, no domingo também. A vida vai passando e o plano B vai ficando para trás.

Obviamente, não estou fazendo uma apologia de "vamos abandonar a publicidade" porque há muitas pessoas que adoram o que fazem e esse plano A também é o próprio plano B. Sim, amam publicidade, respiram publicidade e se orgulham em viver assim. O que deve ser respeitado por todos. Só que, tirando essas pessoas que se sentem confortáveis e muito satisfeitas neste trabalho, há outras que não se sentem assim. E estão infelizes. A aparência agradável no dia a dia e o sorriso fácil escondem também uma tristeza profunda. E a dúvida interna que não quer calar: "O que eu estou fazendo aqui? O que eu estou fazendo da minha vida?". É para essas pessoas que este capítulo é dedicado. Se você acha que se enganou na escolha, sempre é hora de recomeçar. O que foi aprendido até aqui já está na bagagem. Será importante para tudo o que você for fazer a partir de agora. Isso não é afirmação de livro de autoajuda, pelo contrário, é a clareza de entender que qualquer hora é momento de despertar. Porque se você não está gostando do que está fazendo e não se sente bem com isso, será que daqui a 10 anos estará bem? Ou apenas terá perdido muito da sua vida e dos seus sonhos? Mais precisamente, 3.652 dias, considerando dois dias de anos bissextos. O quê? Acha pouco considerar esses dois dias? São 48 horas, meu amigo e minha amiga. Nesse tempo, dá para pular de paraquedas, viajar para o outro lado do mundo, pintar o cabelo de uma cor diferente, escrever um conto, pensar em uma ideia para ajudar o planeta, se inscrever como voluntário em alguma instituição de caridade, e muito mais. Imagine, então, 10 anos. Só que, para isso, vai ser preciso olhar profundamente para dentro de você e não para as caixas quadradas que os outros querem que você veja. Porque a vida dos outros vai passar e cada um será responsável pelas próprias escolhas. Não vai dar para culpar os outros por algo que você queria, mas deixou de fazer. O sonho é seu. A vida é sua. Faça acontecer. Planeje. Crie. Recrie. Se não sabe ainda o que fazer, mas sabe o que definitivamente não quer, procure ajuda. Muitos profissionais trabalham nessa área, ajudando a clarear o caminho. Só não espere a vida toda correr porque um dia vai chegar o momento de deixar este plano físico. Será o dia do seu desencarne. Ou da sua morte, se preferir falar assim. Sim, esse dia vai chegar. A sua senha está lá, com o seu número, e não vai dar para dizer: "Deixa eu ficar mais um pouco", "Não sabia que ia ser hoje" ou "Não dá para esperar mais um ano?", pois a resposta é não. Definitivamente, não dá. Por isso, aproveite o tempo que você tem e faça dessas horas momentos sagrados de um encontro com você e com aquilo que está dentro do seu coração. Esqueça as arestas difíceis, as pessoas que costumam colocar você para baixo, dizendo que "não vai dar certo", e siga aquilo que faz o seu bem. Viva a sua moral, mesmo que os outros façam coisas erradas. Não julgue, mas não aplauda. Não seja apenas mais um nessa multidão. Porque isso vai contra tudo que você acredita e continuará gerando um conflito interno.

Lembro-me de estar no supermercado e encontrar uma pessoa que trabalhava comigo em uma grande agência de publicidade de Porto Alegre. Ela saiu da agência para viver o seu lado B, que era gastronômico. Estava diferente, uma luz brilhava nos seus olhos e dava para notar que esse sonho era aquele que estava na gaveta. Nunca iria imaginar que um dia ela estaria fazendo aquilo. Porque eu também cometo erros, e naquele momento, na agência, coloquei-a em uma caixinha quadrada. Fulana é publicitária, atua em tal área da agência e assim está definido. Eu não sabia dos seus sonhos, das suas tristezas diárias, das suas alegrias e dos seus medos. Apesar de ser colega, não era minha amiga íntima. Então, era apenas uma profissional executando um trabalho, da mesma forma que eu executava o meu, a favor de um conjunto. Hoje, nem ela e nem eu estamos mais na agência. Ela, feliz da vida com sua culinária maravilhosa. Eu, escrevendo este livro, que me liberta e ao mesmo tempo me faz muito feliz em poder contribuir de alguma maneira para outras gerações que estão chegando.

A publicidade vai continuar com seus encantos, empregando pessoas, gerando novas ideias e trazendo todo o seu lado bom para o mundo. Apesar de tudo que é contrário e que já foi comentado até agora, tem todo o outro lado, muito salutar, que vamos abranger na sequência. No caso, a publicidade pode continuar, mas pode continuar sem você. E isso é a chave da questão. A publicidade não precisa de você e nem você precisa da publicidade se não quiser. Se é o momento de mudar, arregace as mangas e vá ao trabalho. Descubra seus ideais e tire este plano B de dentro da gaveta. Você não vai fazer isso por mim, para confirmar minhas teorias de que nem todo mundo está feliz onde está, e muito menos para provar aos outros que você pode transformar a sua vida. Você vai fazer isso apenas por uma pessoa: você. Esqueça o orgulho, as páginas passadas e os rascunhos tão rabiscados. A hora é agora. Porque amanhã pode ser o dia da sua senha. E não tem como ir para trás da fila.

A PUBLICIDADE NO DIVÃ

Era uma tarde de quarta-feira. O horário no psicólogo estava marcado já fazia duas semanas. Estávamos eu e ela sentados na sala de espera. O relógio apontava 14h55min. Como combinado, às 15 horas seríamos atendidos. Quer dizer, eu não; ela, a publicidade. A secretária ofereceu água. Aceitei. A publicidade também queria, mas antes perguntou qual era a marca da água. Marcas, marcas e marcas. Já achei que fosse neurose. O calor na rua era quase insuportável, mas ali dentro a brisa do *split* acalmava com suas doses de alívio refrescante. A porta foi aberta. Surgiu um senhor, aparentando 60 anos, com cabelos grisalhos e um olhar muito sereno. Usava calça *jeans* e uma camisa para dentro das calças em tom azul-claro. Na camisa, um óculos de grau pendurado. Levantamos, nos cumprimentamos e entramos na sala. O profissional permitiu que eu participasse. O ambiente aconchegante trazia objetos antigos de decoração, móveis mais rústicos, um quadro muito bonito com girassóis, duas cadeiras e uma poltrona que parecia dizer "sente-se, aqui fica bem melhor". Claro que deixei a publicidade sentar, eu queria apenas acompanhar a conversa. Fiquei quieto e sentei na cadeira ao lado, arrastando-a um pouco para trás, como se quisesse ficar distante dos dois, sem interferir em nenhum momento, se isso fosse possível.

– Como você está? – perguntou o psicólogo.

– Não sei ainda, são muitas dúvidas – respondeu a publicidade.

– O que a está incomodando?

– Na verdade, esse aí do meu lado – olhou com o canto dos olhos para mim.

– Ah, entendi. O que acontece?

– Ele está colocando o dedo em algumas feridas que eu não estava percebendo e talvez nem quisesse perceber. Não estou me sentindo plena, fazendo tudo o que eu gostaria de fazer. Sabe como é, passar a vida vendendo não é para qualquer um. E tem momentos de crise que me deixam mais angustiada. Estou falando de crises econômicas, só para deixar claro. A minha crise existencial já está in-su-por-tá-vel.

– O problema é só ele? – o psicólogo apontou para mim com os olhos, franzindo um pouco a testa.

– Não, seria bom se fosse. Ele representa muitos. Parece uma legião de devastadores querendo acabar com a minha reputação – disse, elevando o tom de voz.

Eu tinha falado que iria tentar não me manifestar, mas tive que fazer apenas um contraponto. Levantei o dedo, como se estivesse na escola, e falei:

– Devastar, não. Apenas melhorar. E foi você quem disse que queria evoluir. Eu apenas consegui o número do psicólogo. Pronto, não falo mais.

E cruzei os braços, em um gesto que indicava que ficaria em silêncio.

– É, isso é verdade. No fundo, era eu que queria estar aqui mesmo.

– Então... – o psicólogo apenas fez uma intervenção para permitir que ela transcorresse com o assunto.

– Então, é que eu estou cansada, acho que estou entrando em uma leve depressão. O consumismo está muito grande, tudo parece voltado para isso, as pessoas perderam um pouco do verdadeiro sentido da vida e eu não quero me comprometer sendo responsável em parte pelo que acontece. Claro que vou continuar vendendo, divulgando, criando marcas fortes, mas queria tudo com um bom senso um pouco melhor. Chega desses tempos modernos, até parece a reprise de um filme antigo todos os dias. Olho o *outdoor*, lá estou eu. Olho a televisão, lá estou eu. Escuto o rádio, lá estou eu. Abro uma página de notícias na internet, adivinha quem está lá? Eu. E o problema não é estar em todos os lugares ao mesmo tempo.

Respirou fundo e continuou:

– Fico feliz quando vejo um comercial criativo, que não tenta manipular a mente do consumidor dizendo que ele vai ser mais feliz ou infeliz se fizer algo ou não. Esses comerciais me repugnam o estômago, chego a ficar nervosa agora só de pensar.

– Aham – o psicólogo apenas esboçou um som, sabendo que ela queria mesmo era colocar tudo para fora.

– Adoro quando vejo algo interessante, que tenha um objetivo bacana, que, além de vender, pode ajudar a comunidade, uma marca que valoriza seus colaboradores, algo que vai além da venda em si. O dinheiro é importante e sei que eu sou um canal utilizado para muita gente chegar até ele. É a roda em que estou desde o começo. Sei disso e isso não me faz mal. O que me deixa doente é como muitos estão utilizando aquilo que sou. É bom falar tudo isso porque assim parece que vou me encontrando cada vez mais. Sei que não quero muitas coisas que ainda sou hoje. Pronto, decidi mudar. E vai ser agora. A questão é o que as pessoas pensam de mim e o que eu quero passar para as pessoas.

– E o que você quer? O que gostaria? – novamente, uma pequena intervenção do psicólogo, que parecia muito interessado no caso da sua nova paciente.

– Sinceramente, acho que é difícil para muitas pessoas e para este ponto da história tudo mudar instantaneamente. Quero despertar as pessoas para que utilizem meus serviços, mas de uma maneira mais sensata. Lembro-me de uma atriz que falava que usava um produto específico no seu cabelo. Só rindo mesmo. Com o dinheiro que ganha, nunca usaria aquela marca. Só que o dinheiro para fazer o comercial foi grande e, sabe como é, falar que usa não parece tão mal assim. E isso incomoda, sabe? É a sujeirinha que vai para baixo do tapete e muitos nem percebem. Tudo é tão dinâmico que logo depois entra outro comercial e todo mundo segue em frente, como se nada tivesse acontecido. Claro que temos órgãos fiscalizadores, cada vez mais atentos. Não me entenda mal, não quero de nenhuma maneira acabar com o meu trabalho, afinal, é o meu ganha-pão. E longe de achar que esses meus pensamentos estão conectados de alguma forma com um tipo de ditadura. Acredito mesmo no livre-arbítrio e no consumo que cada um faz se quiser ou não. Só que esse ponto é delicado porque esse livre-arbítrio não é tão livre assim. Olha que eu estou nisso faz tempo e sei que dá para induzir, manipular e agir conforme queremos com uma boa edição.

– Mas nem todos são assim – o psicólogo refletiu em voz alta.

– Tem razão. Mas, de uma forma ou outra, em algum momento, alguém cai na armadilha, mesmo não sendo proposital e mesmo tendo a mais bela das intenções. O sistema parece ter vida própria e sair dele é muito difícil. Quem consegue olhar de fora, talvez veja com mais clareza. Posso dizer que encontrei e encontro pessoas incríveis neste meu mundo. Mas sempre existem aqueles que realmente não querem mudança alguma.

– Mas isso acontece em todas as áreas, não acha? – frisou o psicólogo.

– Sei das outras áreas e que todas as profissões têm seus prós e contras, seus altos e baixos. Mas acredito que, olhando para dentro de mim, também possibilitarei que outros façam o mesmo em áreas distintas.

– E você acha que tudo isso começou quando? – quis saber o psicólogo.

– Não tenho dúvidas. Tudo começou a ganhar força com a ganância do homem. Parece uma luta na selva, um tentando tirar o cliente do outro, querendo mais dinheiro pela sobrevivência, colocando mais metas em cima de equipes que vivem sob estresse e tudo gerando tristeza em muitas pessoas. Não acredito que homens sábios e grandes mestres que passaram pela Terra carimbassem a sua identidade agradecendo por todos os meus feitos. Tem muita coisa negativa que é preciso melhorar. A questão é que, para sobreviver neste ambiente hostil do consumismo desenfreado, é preciso segurança. E não temos a segurança de nada neste mundo. Mas se fôssemos mais caridosos com nossos semelhantes, toda a perspectiva mudaria. É a moral ganhando força. Ela que vai determinar essa mudança. Quem não mudar, vai ficar fora. O barco vai seguir com quem quer levar o mundo em outra direção, de outro jeito, com um olhar benevolente em relação a tudo.

– Esse conflito incomoda você? – perguntou o psicólogo.

– Claro que incomoda. Todo conflito incomoda porque mexe muitas vezes no fundo do rio, ali onde quase ninguém vê. Aquele lodo que fica embaixo vem para cima e a água que estava parecendo completamente limpa acaba ficando turva. Remexer esse rio causa um impacto porque deixa de ser apenas o que é para ser uma alteração no que será. Isso vale para mim enquanto publicidade e vale para todas as pessoas. Ninguém chega em outro patamar sem esforços. E não adianta se enganar, as mudanças doem. Nada acontece com toda a facilidade assim. Então, acredito que haverá conflitos, seja com aqueles que vão rever a própria história dentro deste mundo, seja com aqueles que não vão concordar com nada disso e se sentirão completamente ofendidos.

– E eles não têm razão em se sentirem ofendidos?

– Não, porque não é nada pessoal. Tudo isso está em um âmbito maior, um projeto a longo prazo, trazendo melhorias ao que pode ser mudado. Não é algo impossível. Eu não desejo acabar comigo mesma, como já disse, muito menos terminar com milhões de empregos mundo afora. Mas também não acho que calar e acreditar que tudo está muito bem seja a solução para seguirmos. Muitas coisas funcionaram até aqui, só que chegou um ponto de transformação. Uma nova geração está vindo com outras ideias, preocupada com um planeta mais sustentável, uma vida mais humana e com novas luzes para fazer diferente. Não sou eu apenas quem está dizendo isso, é só olhar pela janela.

– Muito bem – respondeu o psicólogo, finalizando a consulta.

Eu estava quieto, quase nem percebendo minha própria respiração, completamente atento a cada palavra.

– Obrigada, foi muito bom falar tudo isso – a publicidade disse, olhando para o psicólogo.

– Agradeça a você mesma. Até a próxima semana – respondeu o psicólogo.

– Vamos? – ela disse, olhando para mim.

– A publicidade é quem manda – falei ironicamente.

POR QUE NÃO EU? POR QUE NÃO VOCÊ?

Temos o hábito de nos acostumarmos com as mudanças externas da nossa vida. Alguém faz as coisas e nós as utilizamos. Você criou a TV? Não. Você criou o telefone? Não. Você criou o micro-ondas? Não. A lista aqui pode ser extensa para demonstrar como estamos acostumados a utilizar algo que alguém cria e com o qual nos beneficiamos. Estamos mais propensos a ser receptores do que criadores, apesar de criarmos também em diversos sentidos da nossa existência. E a pergunta que não quer calar é justamente esta: apesar de cada vez mais as pessoas estarem despertando para suas ideias, por que é tão difícil colocar em prática aquele mundo que muitos desejam, que é um mundo de amor e paz? Por que se acomodar com as situações impostas pelo que está pronto? Por que a nossa mente é moldada a pensar igual, mesmo com tantas diferenças de raças, credos e lugares? Não entendemos que esse potencial que habita em cada um é fantástico e está pronto para entrar em ebulição. Basta você começar a se permitir compreender que muitas coisas estão prontas, mas outras tantas estão ainda esperando para serem criadas. É só olhar para um lugar e visualizar além, imaginando muitas possibilidades de como aquele ambiente poderia ser melhor, ou mesmo o que ainda não existe e pode ser muito útil. As ideias nascem assim, das necessidades.

Se pararmos hoje e analisarmos criações antigas, veremos que pode parecer um absurdo, mas alguém foi o pioneiro. Olhar uma ideia pronta pode ser simples, como na história antiga do ovo de Colombo. Depois que alguém faz, parece fácil. Daqui a muitos anos, os produtos e os serviços concebidos hoje parecerão itens básicos. Ou seja, até aquilo que ainda nem foi criado vai ser considerado normal ou obsoleto em um futuro distante. Tudo depende do ponto de vista do lugar em que estamos e da época em que vivemos. A questão é que as pessoas não sabem o que querem. Elas só vão saber se querem isso ou aquilo quando lhes for oferecido. Certa vez, Henry Ford comentou: "Se eu perguntasse o que as pessoas queriam, elas iriam dizer que queriam cavalos mais rápidos", porque elas ainda não sabiam o que era um automóvel. Como as pessoas não têm o domínio do novo, apenas processam os seus neurônios na evolução do que já existe, sem saber como e quando será o próximo passo. Ao mesmo tempo, saltando algumas décadas, chegamos aos dias atuais e vemos muitos querendo ser autores ou coadjuvantes mais brilhantes de ideias, criando, gerenciando, inovando e trazendo para a mesa de jogo as suas propostas. Em outras épocas, também tivemos um *boom* de criatividade, mas hoje em dia isso se apoia em novas tecnologias, com aplicativos para todos os gostos. Cada sociedade traz as suas maravilhas e, agora, talvez como nunca antes, temos uma virada mais forte para um mundo transformador. Por isso, dizer que este é um momento completamente relevante para a história não é chover no molhado, mas entregar um presente que cada um pode abrir da sua forma.

Quando pergunto "Por que não eu? Por que não você?", é para instigar essa mexida mais ampla em um brilhantismo latente que pode estar aí, esmorecido pelos dias, cabisbaixo por não saber muito bem como fazer. Basta olhar para o lado e visualizar que muitos que trouxeram ideias novas basearam-se nesse despertar de querer ver o novo onde todo mundo via as mesmas coisas. *Startups* surgem com ideias fantásticas pelo mundo todo. São pontos de luz que começam a brilhar e dão margem para que os outros também acreditem. O que você vai fazer amanhã que não conseguiu fazer hoje? Será que a ideia que está pulsando dentro de você não seria realmente o que você precisa trazer à tona para ajudar a melhorar um pouco a vida que o rodeia? Somos parte desse todo, ninguém tem sozinho todas as respostas. Mas podemos, através de sonhos e aspirações, querer fazer mais por nós e pelos outros. Somos aquilo que pensamos, e transformamos esses pensamentos em atitudes que viram realidade. Seja para o bem, seja para o mal. Tudo está constantemente em nossas próprias mãos. Podemos aceitar os fatos ou modificá-los no que acreditamos ser o mais prudente para o momento. As ideias de transformação podem ser pequenas sementes lançadas, mas nunca devemos menosprezar os seus tamanhos minúsculos, pois no futuro podem virar árvores gigantescas. Não menospreze aquilo que você é e tudo o que você tem para entregar. Se for para o bem, tudo vai conspirar para que aconteça da melhor maneira, no tempo certo, para o devido crescimento.

Somos donos do nosso próprio destino, apenas sendo necessário acreditar que a vida é de inteira responsabilidade de cada um. Somos aquilo que queremos ou apenas estamos sendo mais um neste cenário mutante? Se você não pegar a sua vida para si mesmo, quem vai pegar por você? E quem for pegar está apto a levar seus sonhos adiante? Com certeza não, pois é você quem deve decidir aquilo que faz bem à sua alma e ao seu coração. Lembro-me de um desenho no cinema, inocente, mas com uma mensagem profunda no seu desenrolar. Toda a história projetava um grande herói em alguém que parecia não ter nada desse "superser". Em um lugar existia um pergaminho que ninguém podia olhar, pois lá estava o grande segredo. Após o transcorrer das cenas, o pergaminho foi aberto por esse personagem. E não tinha nada. O seu mestre se desesperou por tanto tempo de espera e porque, quando era mais necessário, não tinha absolutamente nada. Mas o aprendiz ficou olhando fixamente o vazio do pergaminho e sua imagem se refletiu naquele espaço em branco. Ali estava o segredo. A grande revelação era aquela mesma, o encontro dele com ele mesmo. Tão pura e simples essa lógica, mas tão profunda ao mesmo tempo, pois a vida ganha cores quando conseguimos enxergar essa verdade que é a nossa própria e não a do outro. É no nosso íntimo que carregamos as vontades, os medos, as futuras realizações, os anseios ou o que está guardado a sete chaves e precisa ser analisado. Com isso, se vai adiante. Pegar esse espelho para si é pegar a própria vida com as mãos e dizer: "Eu vou fazer a minha vida na felicidade que cabe a mim, mas sempre olhando para o outro". Com certeza, não podemos querer que todos tenham os mesmos desafios de espíritos tão evoluídos que já pisaram na Terra, como se em um passe de mágica nos tornássemos os mais caridosos e os que mais perdoam. Mas é bom saber que é possível estar neste caminho com infinitas possibilidades.

"Por que não eu? Por que não você?" Essas perguntas não se calarão e ficarão gravadas na sua mente de agora em diante, para que você nunca esqueça realmente que as portas estão fechadas para todos. Cada um abre conforme acredita que pode abrir. Qual a porta que você vai abrir? Qual a janela pela qual você vai permitir que a luz entre? Esqueça aquilo que você foi codificado a fazer. Procure o seu eu que está escondido em você mesmo e talvez nem você ainda conheça. O que você vai deixar pode ser fundamental para que muitos utilizem como alicerce para novas construções. Você pode criar um aplicativo para uma vida mais saudável, pode pensar em um serviço com potencialidades para ajudar a quem não tem quase nada, pode criar um canal em uma mídia social com conteúdos relevantes, pode difundir suas ideias na comunidade em que vive e fazer mil e uma coisas sem medo de ser quem você realmente é. Vá em frente. O mantra ficará para sempre na sua mente: Por que não você? Por que não você? Por que não você? Por que não você? Por que não você? Por que não você?

CARTA ABERTA AOS DIRETORES DE MARKETING

Se você é Diretor ou Diretora de Marketing, este capítulo é seu. Não com exclusividade, porque todas as pessoas podem ler, mas com um bom direcionamento, para dizer que você está junto neste barco. E tem a faca e o queijo na mão. Você está do lado do balcão que aprova, que pode vetar uma grande ideia ou fazê-la seguir em frente, livre e desimpedida para agradar a massa, viralizar e se tornar um *case*. Esse poder é grande porque também pode direcionar a linha de atuação da comunicação da própria empresa. É preciso ter estratégia, é necessário ter planejamento, mas sem foco não se chega a lugar algum. E sobre esse foco, cada empresa segue na sua história.

Refletir sobre essa atuação é ampliar a conversa sobre tudo que está sendo elaborado neste livro e como um profissional do *marketing* pode auxiliar a vislumbrar um amanhã diferente, mais saudável. Se você está nesta posição é porque tem capacidade e competência. Então, que isso se manifeste cada vez mais no coração da empresa. Independentemente de como seja a sua área em particular, é possível direcionar os esforços para um trabalho que traga a alma acima de tudo, visualizando a empresa com todo um potencial para transformar o mundo ao redor. Por onde ela caminha? Com quem ela caminha? Qual a sua abordagem de conteúdo para chegar nas pessoas? Ela quer ganhar por ganhar ou tem uma baliza para isso? É uma empresa saudável? Trata os colaboradores com o respeito que é necessário? Busca nas suas atividades parceiros comprometidos com um mundo justo? Tudo isso são apenas rascunhos de reflexões que podem desaguar no contato com os parceiros de comunicação, sejam eles agências, geradores de conteúdo, empresas digitais ou qualquer outro envolvido no processo. A liberdade dada para cada um a partir de objetivos claros pode ser um oceano de muitas possibilidades.

Também é necessário entender que cada Diretor de Marketing obedece a pessoas que estão acima, em cargos mais elevados, e não pode, sozinho, mudar a cultura de uma empresa. Mas ele tem, sim, grande responsabilidade, indicando aonde se quer chegar. O grande problema é quando ele não sabe aonde quer chegar ou quando não se importa com os meios que utilizará para isso. Ao longo da minha trajetória, o maior problema que presenciei com muitos clientes atendidos foi o medo. Pessoas com medo de errar, que não saíam do caminho do meio, o caminho morno. Com medo de dar errado, se escolhe tantas vezes o que não vai ser brilhante, mas também não vai comprometer. Olhando por outro viés, isso já dá errado, porque deixa passar a possibilidade de uma grande ideia ser genial. É a chance que se perde por não permitir que os criativos sejam livres para explorar ao máximo os seus potenciais. O terrível medo paralisa, como em tudo na vida. A meta é pensar sem medo, mas com responsabilidade e foco na moral. Essa é a diferença em relação a muito do que ainda está sendo construído.

Na soma de todos os resultados, poderemos ver alterações mais consolidadas. As mudanças culturais são lentas e difíceis. Mas é fazendo agora o que cada um pode fazer que se altera o amanhã para aquilo que realmente será bom para a humanidade como um todo. No próximo trabalho, faça por inteiro e veja como tudo corresponderá. Sair um pouco da roda do lucro pelo lucro é entender o lucro como gestão dessa moral que tanto se fala aqui. Não estamos dizendo com isso que as gestões de hoje não têm moral. O que está sendo dito é que se deve colocar a moral como pilar principal e tudo ao redor ser baseado nisso. É ampliar para contribuir e não enxergar o concorrente como inimigo. É não querer ocupar o espaço que é dele, porque não falta para ninguém se todos compreenderem que a mesa é farta. Basta saber dividir. A tarefa é difícil, com certeza. Desconstruir o que vem sendo construído por muito tempo é uma tarefa grandiosa. Só que é preciso convocar todos os Diretores de Marketing, de todos os segmentos, porque essa missão é conjunta.

Falando em Diretores de Marketing, sempre acreditei em um novo braço para as empresas: Diretores de Ideias. Porque muitos Diretores de Marketing se envolvem com diversas questões no seu trabalho, além, é claro, de serem os responsáveis pelo departamento que aprova as ideias. Nesse ponto, acredito que o mercado sofre em diversos momentos, pois muitos profissionais dessa área nunca respiraram criativamente e resolveram partir para um lado que também tem muito de burocracia. Nessa mesa de debates, têm o poder para derrubar ideias boas. Esse é um dos grandes problemas que criam conflitos em quem gera o conteúdo e em quem aprova. Existe uma ponte muito perigosa unindo esses dois elementos. Obviamente, muitos Diretores de Marketing têm todo o potencial e conhecimento sobre criatividade, sobre os grandes *cases* e sobre o que acontece neste mundo das ideias. Mas com muitos clientes não é assim que funciona. E isso gera um grande problema na condução do processo do que fazer, como fazer e por que fazer. São excelentes profissionais em muitos casos, mas tratando-se de ideias também existem aqueles que deixam a desejar. Não pela falta de empenho, mas pela falta de experiência no assunto, pela falta de profundidade e por não terem bebido insaciavelmente como outros da mesma fonte. Só que a caneta do "isso pode" e "isso não pode" está ali, riscando as ideias que são trazidas para solucionar muitos problemas.

Um bom Diretor de Marketing também pode ser um grande Diretor de Ideias. E, no caso, se esse Diretor de Marketing não for um bom condutor de ideias, que se crie este novo departamento dentro dos clientes. Por que não? O Diretor de Ideias. Um novo cargo, que pode abrir espaço para muita gente. Grandes profissionais de criação poderiam ocupar esse lugar com total naturalidade. Fazendo uma comparação, seria como uma comissão da Seleção de Futebol, em que temos o técnico e o coordenador. Só que os dois estariam no mesmo patamar, cada um com a sua ocupação.

Independentemente de como vai ser daqui para a frente, que os Diretores de Marketing entendam com toda a convicção que têm grandes oportunidades de mudar o mundo através do trabalho nas empresas em que atuam. Falando em atuação, lembremos os palcos de teatro, que são como a vida: a cortina abre, a gente se apresenta e a cortina fecha. Faça bom uso do seu talento. O público espera aplaudir no final.

CARTA ABERTA AOS EMPRESÁRIOS

Aos responsáveis pelas marcas, novas mentalidades precisam aparecer. E nada melhor do que tratar aqui diretamente com os empresários, que têm o poder na relação direta com seus colaboradores da área do *marketing* e de toda a empresa. O fortalecimento de uma marca passa por um longo processo e a comunicação é uma das partes imprescindíveis. Só que é possível notar que uma imensa maioria bebe nas mesmas fontes, segue os mesmos autores renomados e entende o mundo a partir de uma visão já construída ao longo do tempo. Nesse instante, visualiza a continuidade da empresa, com o fortalecimento da sua marca. É necessário se destacar perante o público para que seja lembrada entre as melhores. Nessa vontade de aparecer, alguns pontos acabam se escondendo porque, nas práticas de negócios, cada um precisa defender o que é seu. E nesse exato instante, é necessário revisar alguns conceitos do meu, do seu e do nosso.

Essa unidade de amor que tanto se fala para a construção de um mundo mais justo também pode ser alcançada pelas marcas de uma maneira mais contundente. E uma das coisas que pode fomentar essa mudança está no coração que as marcas trazem e na sua verdadeira essência. Um refrigerante é apenas um refrigerante. Uma roupa é apenas uma roupa. Um carro é apenas um carro. E essa desconstrução das marcas é a possibilidade de inverter toda a lógica já pensada até agora. Porque, quando se compra uma camisa da marca "A" ou "B", não se está pagando pelo pano que ela traz, mas pela marca que está estampada e aquilo que ela reflete ao longo do seu tempo de caminhada. E esse ponto chave muda tudo porque a verdade é que a camisa realmente é a própria camisa e não o símbolo que está por trás dela. Um assunto delicado porque vai contra tudo aquilo que se aprende e tudo que é vivenciado no dia a dia neste mundo da comunicação. Para exemplificar melhor, vamos tratar as marcas como indivíduos. Esse indivíduo está lutando de todas as formas para parecer algo e não apenas para ser. É a pessoa que se reveste de conceitos para ser aceito, de comportamentos para fazer parte de tal ambiente e de conexões próprias para aparecer da maneira mais perfeita possível. Esse indivíduo acaba apenas sendo um verniz, porque a sua essência está no seu interior, com muito mais propriedade. Quando as marcas se tornam relevantes, obviamente aquilo tudo foi construído com muito trabalho e profissionalismo. A questão mais profunda aqui é observar a mensagem que essa marca transmite ou quer transmitir através de suas campanhas a cada novo instante. O que ela fortalece é bom apenas para a própria marca ou também ajuda a construir um conteúdo que eleva o espírito? Diríamos aqui que é uma briga entre o ego e o *self*. O ego da marca é aquilo que ela precisa parecer para que seja adorada e querida. O *self* percorre outra estrada, quando a marca se torna completa, no sentido da verdade para si mesma e do que já traz intrinsecamente. O ego precisa criar comportamentos para ser, o *self* é o comportamento da essência pura. O ego é o verniz, o *self* é a profundidade. O grande problema de uma questão tão delicada é que todos se perguntam: "Quem vai deixar de vender a felicidade em um produto? Quem vai deixar de dizer que o novo apartamento é tudo aquilo que o sonho projetou? Quem vai deixar de dizer que o novo carro é a projeção para outro patamar?".

Não queremos entrar aqui na questão filosófica que Jesus falava, mas realmente "não podeis servir a Deus e a Mamon ao mesmo tempo". A questão espiritual, quando tratada profundamente, se distancia em muito do consumismo exacerbado que o mundo de hoje aprendeu a amar e idolatrar. O equilíbrio para tanto é utilizar todas as possibilidades que as marcas têm de aproximar o "consumo" do "espiritual". Como? Primeiramente, contrariando o que a maioria dos livros ensina como sendo "o correto", porque eles partem do material e não do espiritual. Depois, pensando na outra empresa como amiga e não como concorrente. É ver o outro como um parceiro de jornada e não como um inimigo a ser combatido. Como dito anteriormente, a desconstrução é necessária para começar a se construir a partir de um novo modelo, mais sincero com aquilo que é o verdadeiro mundo espiritual. Aproveitar a matéria com sabedoria e resiliência é utilizar da melhor forma o que o mundo pode ofertar, mas não com o individualismo arcaico e a geração de ansiedade pelo ter mais. Ao contrário, é utilizar a marca para servir com pureza, trazendo valores mais profundos em suas mensagens, no contato com o próprio público interno e com aquilo que será ofertado como uma posição de valores.

Todas as empresas trazem as suas missões, que são nobres pelo intuito de querer o melhor. Mas é possível unificar todas elas em uma só: "Utilizarei a minha empresa e a minha marca na construção de um mundo mais justo, ajudando o meu concorrente porque ele faz parte de mim. E tudo que derivar desta marca estará voltado para o bem coletivo. Se não servir ao aperfeiçoamento coletivo do mundo, essa missão estará falhando". Como é possível perceber, parte-se de um outro ângulo para analisar a própria marca com o coração. Como um ser humano, ela precisa estar atenta não só ao seu ambiente, mas ao seu vizinho de porta que também quer vender. Quando tudo começa a se concentrar em comportamentos vagos, na adultização das crianças, na busca da felicidade pelo produto e na arte da guerra para destruir o concorrente, estamos caminhando pela trilha errada, que não permite um avanço mais rápido para toda a sociedade. Não se quer com isso eliminar tudo já feito pelas marcas, mas permitir um passo mais largo na direção de uma moral focada no amor. Quem disse que uma marca não pode amar? Ao comparar as marcas com indivíduos, optou-se por trazer esta lição dita por Jesus: "Amai-vos uns aos outros como eu vos amei". E como pode uma marca amar o seu concorrente quando quer estar sempre acima? Não seria possível estar junto e de mãos dadas? Quebrar paradigmas é o objetivo deste livro. E como este capítulo se destina aos líderes de empresas, que são os responsáveis diretos pelas marcas, trazemos a sugestão de que esse entendimento maior é o que irá definir as marcas que se preocupam com o planeta. As que não fizerem isso não participarão mais de um cenário que se estabelecerá logo adiante. Novas formas estão surgindo, desde empresas colaborativas até outras que estão mudando a maneira de visualizar os negócios. É certo que o consumismo exacerbado na sua forma animalesca não contribui para o crescimento de uma comunidade com saúde. O supérfluo apenas atrasa a cultura na direção daquilo que não tem preço e o tempo não pode apagar: os valores na essência de cada um. E esses valores não passam por algo que o comercial diz sobre ser de uma forma ou outra. Tudo é muito mais abrangente e profundo, na diferenciação entre Deus e Mamon. As marcas têm total força para se transformar e estar prontas para esse dia que já começa a raiar diferente. E você tem a liderança da empresa para mudar o caminho. Este é o grande momento, porque você vai passar e a sua história também. Mas os seus gestos e os seus exemplos vão ficar. Tomara que fiquem também na marca que você representa.

Vender por vender é muito pouco. Não é mais disso que estamos falando. É vender com ainda mais responsabilidade. É vender com pensamento no meio ambiente. É vender com a serenidade e a certeza de se estar deixando passos marcados e fortes para quem vem atrás na reconstrução daquilo que vem sendo executado, muitas vezes, sem um total comprometimento. E essa é a palavra-chave: comprometimento. Comprometimento consigo mesmo, comprometimento com o outro, comprometimento com a comunicação, comprometimento com as árvores, comprometimento com os rios, comprometimento com o ar, comprometimento com a vida e comprometimento com o amor acima de tudo. Dizem que a propaganda é a alma do negócio. É verdade, desde que seja um negócio focado no amor, porque negócio sem amor não tem alma alguma. E nunca vai ter.

ACALMANDO A MENTE E O CORAÇÃO

Tudo que é simples traz uma energia suave para estes dias que parecem tão turbulentos. É preciso estar sempre ligado para não perder as novidades que surgem constantemente. Nas conexões, tudo está junto o tempo todo. São mensagens que chegam por diversos canais. E se forem de contatos, é necessário responder imediatamente. Se a todo instante as informações chegam de tantos lugares, é necessário encontrar momentos para pausas. Essa abertura de espaço para si mesmo é o grande presente em que tempo e silêncio se encontram para apresentar aquilo que não é dito em lugar algum porque está dentro de você. E dentro de todos nós. Esse é o espaço pouco percebido em dias que voam cada vez em uma velocidade maior. De certa forma, muitos perderam a noção de como respirar e da problemática causada por não saber parar em instante algum. E parar é parar realmente, com consciência sobre si e sobre o entendimento mais profundo daquilo que está no subconsciente. Sem essa interiorização mais profunda, é difícil reconhecer e assimilar temas que estão na profundidade da própria alma. É a desconexão consigo que acontece porque existe a conexão somente com os outros. E então surge a necessidade de investir o tempo no barulho. É preciso falar mais do que ouvir. Compreender a grandeza do silêncio é abrir a porta para que novas mensagens surjam, mas a partir da própria história e não da história que somente os outros contam. Investir o tempo no autoconhecimento torna tudo completamente relevante. E sobre esse tempo, é preciso refletir.

Quando compramos algum produto, fazemos isso com o tempo que foi necessário despender trabalhando para obter o dinheiro. Essa é a questão que merece análise porque o mundo vai continuar enviando mensagens. E muitos ainda vão continuar acreditando que precisam de muitas coisas para atingir um plano perfeito de existência. Só que esquecem que precisam pagar por aquilo que estão comprando e, para isso, lá está o Sr. Tempo pedindo suas horas como parte desse processo. E nessas horas muitas coisas poderiam ser feitas. Poderia ser o momento ideal para brincar mais com os filhos, poderia ser a oportunidade de fazer uma meditação ou buscar a própria essência daquilo que se perdeu em uma das curvas da vida. Porque não adianta dar mais tempo para aquele que nunca tem tempo. Se o dia passasse a ter 28 horas, talvez as 4 horas a mais também seriam completamente perdidas em algo que deixa de ser relevante pelo não saber aproveitar com qualidade o que se tem. Muitos ainda utilizam a desculpa do tempo inexistente. E falando isso ao outro, existe uma cumplicidade, pois esse mundo gira em torno do dia de amanhã, pois hoje já está superlotado e não tem como respirar com calma agora. E o que será feito amanhã, fica para depois de amanhã. E as sombras continuam sendo empurradas para mais adiante, sendo que cada um vai necessariamente enfrentar este quarto escuro, mais dia, menos dia. Essa é a importância de aproveitar o tempo que nos é dado para estar aqui neste instante.

Segundo relatos em livros espíritas, muitos que voltam para o outro lado lamentam justamente isso: o tempo perdido. Trazendo essa questão para os dias atuais, fazemos um *link* com o consumo acelerado que torna relevante aquilo que talvez não seja em outro "tempo x espaço". Por isso, tudo está intimamente ligado: sociedade x consumo x publicidade. Não tem como tirar uma parte dessa cadeia porque uma se alimenta da outra. Mas o seu balanceamento é o objetivo para que a respiração não seja ofegante. E essa pausa precisa também ser feita no trabalho para refletir: será que isso que está sendo feito tem apenas preço ou também tem valor? Lembre-se de que o relógio está andando e a velocidade pode ser alterada. Nos ponteiros das suas horas, quem tem que mandar é você. Não aceite as regras e as ditaduras psicológicas afirmadas como verdades. Não entre na loucura desesperada de fim de ano para desejar o melhor Natal somente através dos presentes. Entregue um pouco mais de você, daquilo que você realmente é e de tudo que faz a vida ser tão especial. Se junto você trouxer um panetone, tudo bem, as pessoas vão comer com prazer. Só que vão rir das suas histórias, vão se desnudar dos próprios medos quando você contar os seus. Aproveitemos esse tempo que nos é dado. Esse, sim, é o maior presente. E ele não é anunciado na TV, em nenhum *merchandising* e nem mesmo em programas de auditório. Ele se mostra sereno, entre um pôr do sol e outro. E como diria Emmanuel, através da psicografia de Chico Xavier: "Deus nos concede, a cada dia, uma página de vida nova no livro do tempo. Aquilo que colocarmos nela, corre por nossa conta".

Aproveitando o ensejo, vamos fazer uma experiência neste instante. Imagine que você está em uma palestra e o condutor do evento desliga as luzes, coloca uma música tranquila e pede para você respirar profundamente e entrar em sintonia com o seu coração. Aos poucos, a turbulência interna vai dando lugar a uma serenidade. O palestrante pede para você continuar de olhos fechados e diz: "Imagine neste momento que você está em um lugar muito sereno. Nesse ambiente, estão todas as pessoas que foram importantes para a sua vida. Seu pai está aí, sua mãe está presente, assim como a primeira professora, os familiares que você gosta e os amigos que você carrega no coração. Além deles, estão aqueles que você não lembra, mas foram importantes na sua trajetória, como aquele médico que foi pontual em um tratamento, um vizinho que orou por você, mesmo sem você saber, e aquele mendigo da rua que foi um grande mestre para mostrar a você a importância da gratidão de tudo que temos na vida. Tudo está aí, agora, misturado com as emoções. Você abraça um por um, agradece a oportunidade de terem passado pela sua vida e pode dizer aquilo que desejar para todos, porque agora eles estão olhando na sua direção. Tudo fica em silêncio. Eles estão ansiosos para escutar aquilo que você vai dizer. Você relembra todas as cenas da sua vida com *flashs* instantâneos e agradece. A gratidão se torna você porque em todos os pontos de contato você recebeu muito de pessoas tão especiais. Elas passaram pela sua vida por um motivo. Agora, não importa conhecer a questão específica de cada um. O amor fala por si e tudo é amor. Sua alma está cheia, completa e você se sente amado". Aos poucos, a música no ambiente vai finalizando. As luzes são acesas de novo aos poucos. O palestrante pede para você abrir os olhos. Você volta ao mundo real, mas a experiência modificou algo no que você era antes. Talvez você tenha percebido com mais profundidade a passagem do tempo e de quem esteve na sua vida neste período. E uma coisa ficou extremamente clara para demonstrar todo esse sentimento: em nenhum instante você visualizou algum produto nas cenas. Só o amor se fez percebido. E isso aconteceu com a presença de cada uma dessas pessoas. Elas estavam ali, inteiras, sem moedas, sem revestimento e sem nenhuma máscara.

A experiência comprovou que não foi o consumo desenfreado que trouxe você até aqui, e não é o que vai levar você para os novos caminhos. Esse consumo dessa forma é apenas uma entrelinha das verdadeiras linhas que são fixadas pelo seu conteúdo realmente imprescindível. Aproveite que você despertou e ainda tem o seu tempo para utilizá-lo da melhor forma possível. Se for necessário desligar mais a TV para brincar com seu filho no chão, vá em frente. Se for fundamental esquecer a próxima compra que não era necessária para usar esse tempo para fazer ioga, a escolha é sua. Mas tenha a certeza de que tudo que você decidir fazer é com o seu tempo de vida. Sobre aquela frase antiga de que tempo é dinheiro, esqueça. Tempo é tempo. Dinheiro é dinheiro. E dinheiro pode comprar coisas, mas não pode comprar o próprio tempo.

PESSOAS DE SUCESSO

Este capítulo pode se referir a qualquer profissão para repensarmos o mundo que está sendo criado. Buscar o sucesso, em muitos casos, é ir atrás de sonhos que talvez não passam de meras ilusões. Muitos estudam e buscam viver a própria história com dignidade, acima de tudo. O que não exclui o sucesso, se cada um deseja estar em um patamar de "eu fiz" e "eu sou" com serenidade e humildade. Só que, quando se analisa com mais critério a questão do sucesso, tudo vira relativo. Para uns, sucesso é ser o melhor da turma, o melhor do trabalho ou o melhor do time de futebol. Para outros, pode ser o melhor de qualquer coisa, desde que seja o melhor. Isso gera uma comparação sempre com o outro e não com o seu próprio interior, de tentar ser melhor hoje do que ontem. Busca-se uma vantagem e é preciso correr muito para conseguir algo e aparecer. Essa visão de sucesso se torna um pouco distorcida. Parece que é preciso ter os minutos de fama. É necessário brilhar para ser. Só que o sucesso pode estar nos pequenos detalhes da vida. Um casal com seus filhos atuando no plantio de orgânicos sem serem "conhecidos por ninguém" também tem sucesso. Sucesso por estar produzindo alimentos saudáveis. Sucesso também tem aquela mãe que, sozinha, cria três filhos a muito custo. E aquele que se absteve de tudo para ser voluntário e, em silêncio, ajuda muita gente? Claro que tem um enorme sucesso. A grande questão é: o que uma parte da mídia e da sociedade enaltecem como sucesso? Pelo que podemos notar, ele é relacionado com a música do momento, que vira chiclete e é jogada fora. São as novas curvas de uma garota, que investe o seu dinheiro para aumentar o tamanho do bumbum.

O sucesso está sendo desvirtuado da sua essência. São valorizados os buscadores de algo que não tem profundidade alguma com suas atitudes simplórias. Criar o sucesso momentâneo parece relevante para uma parte do mundo que valoriza isso. Como diz o pensamento: "o bajulado é digno do bajulador". Isso é o que um grupo de pessoas valoriza para quem precisa se sentir valorizado. É como uma obsessão em acreditar que realmente existe algo importante a ser buscado para brilhar perante os outros. Esquecemos profundamente que todos somos importantes e que temos uma luz muito intensa, mesmo que a mão direita não saiba o que a esquerda fez. E nisso consiste uma visão contrária do que foi banalizado, em que se parece permitir que somente alguns atinjam esse sucesso para serem valorizados. Como se fosse um portal estreito em que poucos vão poder passar. E, quando passarem, vai existir uma escala para analisar quem está acima ou abaixo.

Entender a significância de ter sucesso pode ser salutar, dependendo da maneira como se estabelecem as relações da própria vida e com as pessoas através desse ponto. Mas viver por ele é o que se torna perigoso. Vemos crianças olhando diversos canais e enxergando na vulgaridade de alguns artistas o que pode parecer esse sucesso, aplaudido por parecer ter valor. Que bom se olhássemos um professor, por exemplo, como uma pessoa de grande sucesso. Alguém que, apesar de não ganhar altos salários, utiliza toda a sua energia e amor para ensinar. Isso, sim, pode ser considerado relevante, como exemplo de carreira e de vida. E sobre essas questões é preciso refletir. O que devemos e queremos passar aos nossos filhos sobre essa palavra tão utilizada e inserida em contextos de "ser" e "parecer"? Sendo que esse último é uma forma de embalar o sucesso e mostrar aos outros: "Eu consegui". Então, pensemos: "Conseguiu o quê? Fez isso para quê? Fez isso para quem? Que ilusão se esconde por trás de tudo isso?". O sucesso, para alguns, pode ser atingido ao comprar o carro de uma marca específica, ao se tornar o mais seguido em uma mídia social, e pode ter tantas variáveis que é difícil precisar. O que pretendemos aqui é apenas mudar esse rótulo para algo mais palpável e relevante para o mundo que queremos construir. Sucesso? Você tem? Você busca? O que é o seu sucesso? Para que você precisa de sucesso?

Trazendo tudo isso para a publicidade, podemos destacar dois pontos. Primeiro, o fato de as marcas utilizarem pessoas que parecem ter sucesso na mídia para anunciar seus produtos e serviços. Muitas vezes, são pessoas que não agregaram e não agregam conteúdos relevantes, apenas viraram moda e são seguidas por outras tantas, que também nem sabem para onde estão indo. Apenas vão. Recebendo um bom cachê, emprestam sua imagem adorada por muitos para valorizar o que será anunciado nos próximos comerciais. O que significa, em muitos casos, que os publicitários participantes da construção desse trabalho não estão preocupados se aquela pessoa traduz algo salutar para a humanidade e traz boas ideias. Isso não importa neste instante, porque o que importa é vender. Então, essa pessoa pode apenas parecer algo bom que muita gente segue, mas não traz nada realmente relevante. E isso se torna secundário porque, para o público-alvo que vai ser impactado, aquela é "a pessoa certa". A sua escolha não foi definida pelo que ela faz, mas pela maneira como ela é percebida pelo público que irá comprar. É apenas o dinheiro mandando mais uma vez.

O segundo ponto a ser mencionado é o viés do *sucesso = poder*. Se você tem os produtos da moda, você é uma pessoa que parece ter importância aos olhos de muitos. Estamos no plano terrestre e, aqui, para várias pessoas, o dinheiro vale mais do que qualquer coisa. E essa infeliz conjuração passa a ser verdade para muitos, que seguem tudo isso massivamente. Como correntes ideológicas, esses pensamentos vão sendo cristalizados nessa forma de visualizar o mundo, as coisas e as relações com outras pessoas. Por isso, a palavra *sucesso* deve ser vista com cautela, por todos os ângulos, e deve ser analisado como a publicidade perpetua a sua vontade quando dita o que é necessário, o que é *cool*, o que é algo que constrói a personalidade a partir de comportamentos, valorizando esse sucesso pelas marcas que a pessoa utiliza, na sua carapaça inverossímil, pois a verdade do que cada um é está na sua alma, nas suas atitudes e nos seus passos.

Vemos pessoas consideradas "de sucesso" que são extremamente egocêntricas, gananciosas e soberbas. Enquanto isso, algumas muito humildes que auxiliam outras, despojadas de brilhos e paetês, e sem a ambição de aparecer, são consideradas como não tendo sucesso algum. As camisas simples sem marcas e os calçados singelos que usam são sinais para muitos outros que dizem: "Esses aí não chegaram lá", "O sucesso passou longe das suas vidas". E, novamente, deixamos a pergunta: o que é sucesso para você? Se é ganhar dinheiro pelo dinheiro simplesmente, talvez seja um bom momento para rever alguns conceitos. Certa vez, ouvi uma frase que guardei para sempre e compartilho aqui: "Tem gente que é tão pobre, mas tão pobre, que só tem dinheiro".

UMA PROFISSÃO EM QUE A EXPERIÊNCIA DIZ MUITO, MAS NÃO DIZ TUDO

A profissão de publicitário é diferente em muitos aspectos. Um deles, que é relevante o suficiente para merecer um capítulo próprio, é a experiência. Diferente da profissão de médico, por exemplo, o publicitário, quanto mais experiente, pode não ser igualmente gratificado e respeitado por isso. O médico que estuda, trabalha e traz a sua experiência com a idade avançada é muito respeitado pelo tempo de carreira (não necessariamente acontece com todos, estamos apenas fazendo uma comparação mais generalista). Não seria o mesmo exemplo na publicidade. Ao contrário, formamos uma categoria singular no sentido de não valorizar os que têm mais idade.

No mundo da publicidade, é comum que pessoas que passam dos 40 anos mudem seus planos, tanto por não quererem mais a profissão como pelo próprio mercado as colocarem para escanteio. Com a idade avançando, os cargos diminuem, pois os valores salariais desses profissionais aumentam e, geralmente, são os primeiros a serem demitidos e substituídos por pessoas mais jovens com salários mais baixos. Não que os jovens não possam trazer novidade e ar fresco para o trabalho, muito pelo contrário, podem e devem. A grande problemática está em constantemente afastar as pessoas com mais idade, pela própria questão monetária ou também por muitos acreditarem que são pessoas ultrapassadas, no sentido de que é uma profissão que pede muito dinamismo e vigor a cada novo segundo. Essa questão merece ser destacada, pois muitos jovens procuram nessa profissão uma estabilidade para o futuro. Claro que muitas agências têm pessoas com idade mais avançada, mas geralmente são pessoas que se tornam sócios ou assumem cargos mais altos em pontos considerados privilegiados, para poucas pessoas. Então, invariavelmente, as pessoas com mais idade vão saindo do mercado. Quando alguém deseja sair para tentar um plano alternativo, vemos uma atitude do próprio livre-arbítrio. Quando não é esse o caso, percebemos uma ação involuntária que traz no DNA da profissão a instabilidade como uma ampulheta virada, que permite que o tempo se esgote sem oferecer muitas possibilidades, quando, para outras profissões, seria justamente o contrário. Alguns podem dizer que para os competentes sempre vai ter espaço. Uma frase que pode soar bonita, mas que não condiz com a realidade. Essa dura verdade tem que ser mostrada para que o próprio mercado debata um pouco sobre o seu funcionamento e a tendência de substituir pessoas que poderiam ficar por mais tempo se, como um todo, o segmento tivesse outra maneira de agir.

Após a minha passagem pela última agência, decidi mudar os planos e não trabalhar mais em nenhuma empresa do setor. Fui convidado para ser redator, Diretor de Criação e também sócio em outras empresas. Não aceitei nenhuma oferta por entender que não era mais o meu caminho fazer dessa maneira. Decidi trabalhar de maneira diferente, em *home office*, o que durou algum tempo. Foi um período extremamente importante e relevante para respirar com calma, avaliar com mais serenidade toda a trajetória e começar a compor os capítulos que fazem parte deste livro. Aos poucos, a vontade de continuar no mundo da publicidade foi diminuindo e, ao finalizar o livro, se esvaiu completamente como um adeus. Para sempre? Não sei. Nunca sabemos o amanhã. Para quem continua, boa sorte, bom trabalho e boas experiências. Aos que estão saindo do mercado pela idade e não estão conseguindo mais colocações, fica esta parte do livro como uma homenagem e formas-pensamentos para análises com uma lupa sobre o assunto.

Com isso, não quero apontar culpados do "por que é assim"? e "quem faz ser assim?", mas sim valorizar e homenagear aqueles que cruzaram uma fronteira do tempo sem perder a força, a energia e o conteúdo. Esses merecem ficar. O que não podemos mais é fingir que essa é uma questão de menos valor e que não existe em um mercado tão grande. Para quem gosta da profissão, que bom seria um plano de carreira bem embasado e com uma certeza maior da continuidade lá na frente. Apesar de a vida ser essa impermanência diária, infelizmente essa é uma profissão que não traz segurança de nada, definitivamente. É andar sempre na corda bamba, dependendo de muitos fatores externos, mesmo que o trabalho seja feito com competência, disciplina e profissionalismo. Quando alunos na escola pensarem em fazer a faculdade de Publicidade e Propaganda, seria bom ler atentamente essas palavras e considerar essas linhas, mesmo com a publicidade mudando a cada segundo e não sendo mais a mesma de ontem.

O mercado exige muito mais e a idade, infelizmente, parece ser uma dessas exigências. Em todas as empresas em que já trabalhei, olhando todos os departamentos, essa comprovação ficava clara para quem quisesse enxergar. Uma tese poderia ser feita sobre o assunto, com muitas técnicas e pesquisas para um entendimento maior dessa questão tão delicada. Cabe aqui somente pincelar alguns detalhes, sinalizando que há espaço para todos quando se modificar o caleidoscópio: as combinações variadas permitem a beleza do conjunto, seja jovem, seja não tão jovem assim. E isso não é solicitar lugar na fila dos idosos, passando na frente como um direito concedido. É valorizar a trajetória e o brilhantismo de grandes nomes que apenas foram sendo deixados de lado. Porque, para algumas empresas, querendo ou não, um profissional não é conhecido pelo nome, mas por um número. E esse número, quando passa dos 40, está mais para o lado de fora da porta do que para o lado de dentro.

DÁ PARA FAZER UM CONSUMO CONSCIENTE?

A resposta para o título deste capítulo é muito simples: claro que dá! E tem que dar. O mundo não suporta mais tanta exploração. Florestas devastadas, rios poluídos, ar contaminado e alimentos cheios de veneno. O que queremos realmente? Bom, se você chegou até aqui neste livro é porque faz ou gostaria de fazer parte deste engajamento de mudança por algo melhor. Temos que dar voz a quem não tem: os menos abastados, os índios, a fauna e todos aqueles que precisam gritar e não conseguem. Você que tem influência entre os amigos, conexões nas mídias sociais e também procura encontrar essa saída tão aguardada, valorize as suas boas ideias com mais ênfase. O mundo precisa de você. Tem gente que vai dizer que não deve nada ao mundo e que ele tem muitos recursos para atender a todos. Será mesmo? Basta olhar as economias e todo o pensamento voltado para o consumo.

Muitas vezes, economistas ficam estupefatos quando países considerados grandes ou em desenvolvimento aparecem com uma taxa de crescimento econômico menor que o esperado. Será que crescer vertiginosamente sem nunca parar é o caminho ideal? É isso mesmo que vai levar as pessoas para um consumo mais inteligente e sustentável? Acredito que não.

Vivemos em um lugar ainda regido pela escassez. Ou seja, para uma pessoa ter o carro mais luxuoso do mundo, dez mil outras não poderão tê-lo. Porque não tem para todo mundo quando a divisão é injusta. Alguns países trabalham com essa equiparação de renda de uma maneira um pouco mais consciente e igualitária, o que gera uma notória diferença para os países subdesenvolvidos ou em desenvolvimento. E todos precisam de ajuda para crescer juntos. Não adianta nada um país ter total domínio das tecnologias enquanto outro sofre com doenças, guerras e fome. Ainda não entendemos suficientemente que fazemos parte da mesma humanidade, que estamos de passagem por este planeta e que o que estamos deixando é muita destruição. Conversas surgem para evitar um superaquecimento da Terra, planos são estabelecidos para evitar uma guerra nuclear e outras ações se conectam ali e acolá, conforme os interesses de países que se aliam, brigam e voltam a se unir, na grande teia deste jogo de xadrez infinito. Os balanços finais dos relatórios de cada ano são mais importantes do que as pessoas? Muitas são colocadas em segundo plano, apenas como números em algumas empresas. Poucos reis se beneficiam com tudo isso, enquanto incontáveis peões sofrem com condições arcaicas de trabalho, com a falta de educação e com os mínimos recursos para tudo se perpetuar como está. Só que o mundo girou, girou, girou e cansou. Como não pode parar esse seu movimento contínuo de rotação e translação, a natureza está com as unhas de fora. Lamentamos catástrofes, choramos por mortos em desastres naturais e pelas doenças que se espalham por todos os lugares, mas não entendemos que muito disso tudo acontece justamente pelos nossos atos inconsequentes.

Este pode parecer um texto com caráter de manifestação, mas é simplesmente um desabafo como em uma roda de amigos. Considero você que me lê como um amigo, possuidor de ideias e disposto a ajudar nessa transformação. Isso vai ficar determinado pelo seu livre-arbítrio. E tenha a certeza de que você não está aqui por acaso. Este talvez seja um momento crucial para a Terra, em que decidiremos se queremos seguir para o lado da paz ou para o lado da guerra. E quanta guerra acontece! Não precisamos nem mesmo ir longe, basta olharmos para a próxima esquina. É o apressado dentro do carro que buzina para o motorista da frente, aquele que cobra propina porque vai ganhar muito, aquele que estaciona na vaga do deficiente porque ninguém está vendo, aquele que faz planos ardilosos para chegar ao poder e todo aquele que deseja mais sem se importar com as consequências, usufruindo do que conseguir para viver intensamente o tempo que lhe resta neste plano terrestre. Só que o tempo finda, a hora final nos aguarda e não podemos nos esquecer do lixo deixado para trás. Alguém vai ter que juntar, alguém vai ter que pagar essa conta, e o calor, que já se torna insuportável no verão, talvez seja insustentável logo adiante. Se isso importa, é você quem vai dizer. A Terra é a sua testemunha e todos que convivem ao seu lado gostariam de ver esse seu brilho ainda mais. Porque já existe uma multidão de pessoas trabalhando pelo bem e para o bem. Antigamente, talvez isso não aparecesse tanto porque o bem é tímido, não gosta das lutas de espadas, mas também não se regozija com o mal. E, agora, com muito mais força e coragem, diversos pontos de luz acendem as suas clareiras pelo mundo, dando motivação para que outros façam o mesmo. E em um compartilhamento infinito, temos a certeza de algo: o bem despertou com toda a sua força. E ninguém vai fazê-lo parar. Nem o medo, nem a coação, nem os grandes, nem o poder e nem mesmo os ditadores de plantão. Sejam bem-vindos todos da nova geração. Tragam para este plano a luz que foi dada a cada um. Questionem, reinventem, digam sim quando sim e não quando não, sejam frios ou quentes, mas não sejam mornos. O mundo já abriu suas comportas para seguir na sua evolução e todos são essenciais nesse caminho.

Como diz o provérbio: "Quando a última árvore tiver caído, quando o último rio tiver secado e o último peixe for pescado, as pessoas vão entender que dinheiro não se pode comer". Cuidar das águas é cuidar da nossa própria vida. Cuidar dos animais é proteger nossos irmãos menores. Respirar o oxigênio é lembrar que nem todo verde é eterno. Tendo esse olhar amplo, podemos optar pelo consumo consciente, escolhendo na próxima compra uma marca que pensa conscientemente também.

O PODER DA ESCOLHA

Se uma marca desenvolve um produto que precisa devastar florestas para conseguir um ingrediente, você como cliente tem o poder: não compre. Se uma marca usa trabalho infantil para desenvolver suas roupas, não compre. Se uma marca se une a outra e a mais uma em um grupo fortemente imbatível para destruir um concorrente pequeno, não compre. Vivemos muitas vezes esquecendo o que nunca poderia ser esquecido: nós temos o poder. O cliente tem o poder dessa escolha. Só que somos desde cedo ensinados a pensar com medo, a agir com medo, a não falar com medo de ser demitidos ou ficar em silêncio porque muitos podem não gostar. Esqueça tudo isso que você aprendeu. Deixe essas mentiras de lado. Liberte-se dessas correntes psicológicas que o prendem ao passado e ao futuro. Chegou a hora de viver o agora. Mais do que correntes pesadas de verdade, essas que estão na sua mente são muito mais poderosas porque fazem você ficar estagnado, com medo de voar. Esse medo não é seu, é de quem sabe que o mundo pode mudar e está mudando. E isso vai se refletir cada vez mais em uma transição de uma sociedade desigual para uma sociedade mais moral e humanitária.

Hoje, mais do que nunca, o consumidor tem diversas ferramentas que em um passado remoto não possuía. São ferramentas de mídias sociais, por exemplo, que o habilitam fortemente para mostrar a sua indignação ou admiração por uma marca. Além disso, ele também pode gerar conteúdos por uma causa nobre, e tem tudo para se tornar, cada vez mais, um criador em um mundo que se alimenta de ideias. Esse poder, se bem utilizado, pode auxiliar a desenvolver um processo de renovação e regeneração neste consumismo quando é totalmente desenfreado, como se não tivesse as suas próprias consequências. Essa força pode ser colocada a serviço de um bem maior quando cada indivíduo analisar com consciência e inteligência os processos que o movem nestes sistemas de compras. O que comprar? Por que comprar? De quem comprar? Qual a missão dessa empresa? O que essa marca já promoveu no âmbito social? Como ela pensa o futuro do planeta? Seus elementos de produção são saudáveis? As perguntas vão sendo ampliadas para verificar que, por trás de um rótulo, outras informações se escondem e é preciso buscar mais elementos para poder escolher com mais inteligência no processo de aquisições. Nesse modelo, acontece a inversão. Não é mais a marca que dita as regras de cima para baixo, mas eu, como consumidor, dito as regras porque o dinheiro está no meu bolso. E ele só pode entrar no processo para girar o mercado se aquela empresa se comportar de maneira coerente e saudável em prol de um todo. Quando o cliente começa a ter a verdadeira percepção do seu poder, não apenas entende que o seu dinheiro tem a força da escolha, como também ajuda a dar mais relevância para as marcas que realmente merecem brilhar. Com ele, reunido a outros milhares de milhões, as marcas crescem, ditam comportamentos, investem em comunicação, em novas tecnologias e em tudo que faz girar o processo das empresas.

Se determinada empresa tem na sua essência elementos que não estão mais alinhados com o que o planeta Terra pede, chegou o momento da sua atuação como indivíduo. Decida por não investir mais o seu dinheiro na marca que não agrega nada. Faça isso com muita objetividade. A grande questão é se convencer de que isso é realmente válido e importante, porque todos os esforços que fazemos individualmente parecem não ter grandes resultados, pois são considerados mínimos. Mas, se cada um fizer a sua parte, sem se preocupar se os outros também farão, essa pequena ação terá proporções gigantescas. Geralmente, as pessoas têm o seu lado psicológico fortalecido no outro. Se o outro fizer, talvez eu faça. Mas elas não entendem que os outros, em sua grande maioria, pensam igual, como um espelho. A questão aqui é fazer e ter a consciência plena deste poder. Fazer por si é olhar essa casa interna e ter a verdadeira dimensão de que o mundo muda quando começamos a mudar a nós mesmos.

Que esse poder se abra cada vez mais e, se a consciência coletiva começar a ser plena, também poderemos visualizar novas composições de marcas surgindo como ainda não conhecemos na totalidade hoje. Porque esse poder será dado a quem traça verdadeiras metas para uma sociedade mais justa, com pensamento forte no ambiente social e no impacto de suas ações na natureza. Essa não é a marca que cresce por crescer, que vende por vender, que estimula metas este ano em X% e quer +X% no ano que vem apenas pelo próprio crescimento. Ela pensa, antes de tudo, se aquilo que está fazendo não desequilibra a natureza; se não fere de forma violenta os concorrentes e se atua como exemplo na sua comunicação, não ditando comportamentos de belezas *fakes* de aceitação quando age de tal forma. Cada vez mais, a verdade vai imperar. E nessa verdade, o que está nas sombras será deslocado para que todos vejam claramente como tudo procede, até nas intenções mais escondidas. Estar atento a tantas transformações é pegar esse poder e entregá-lo também a todos que vivem ao seu lado, mostrando com mais propriedade como isso tem uma grande função. Porque, querendo ou não, existem ainda muitas pessoas com uma venda nos próprios olhos, que apenas enxergam aquilo que é colocado para que vejam. O que parece um tanto inimaginável para alguns, que conseguem visualizar além das mensagens, não parece para a grande maioria, que foi forjada e formatada para pensar igual. Compram sem entender muito bem tudo que está por trás disso e sempre se consideram vulneráveis, a parte mais fraca do processo, esquecendo que o proprietário daquela marca depende da sua ação em dizer "sim" ou "não". E essa nova forma de consumir pode ser muito dinâmica, seja adquirindo produtos de microempresários perto da sua casa, estimulando um comércio local; seja priorizando uma grande marca que valoriza a sustentabilidade na sua cadeia de produção. Além de colocar isso em prática, um detalhe fundamental é transferir para as próximas gerações essa inteligência, porque é preciso repassar conteúdos que realmente podem trazer grandes mudanças a partir de pequenas ações.

O poder da escolha está ativado e essa força tem a capacidade de indicar o sentido correto de muitas estradas. Tudo isso, se colocado em prática na coletividade, tem uma grande importância, pois gera uma consequência. Se a causa é desagradável, seja o oposto. Esse é o poder tão falado, mas ainda tão pouco utilizado. Na próxima compra que for fazer, olhe bem para a sua carteira. Abra devagar, pegue o dinheiro ou o cartão e pense com carinho: "Eu tenho o poder da escolha. E vou escolher quem faz bem para o mundo. Essa é a escolha certa. Essa é a minha escolha".

BEM-VINDO A 2076

Olá, tudo bem? Estou aqui no futuro neste instante e é muito bom falar com você aí onde você se encontra agora. Daqui podemos ter uma visão um pouco diferente do que você enxerga neste exato momento. Não estranhe, mas viver nesse mundo que você ajudou a construir é muito prazeroso. A Terra encontrou o seu caminho de paz, de amor, de uma maneira que você ainda não consegue visualizar. Tudo bem, temos que seguir um passo por vez. O que dá para adiantar é que a publicidade não funciona mais da mesma maneira que ela funciona agora aí. As pessoas se tornaram colaborativas por completo, como já começou a acontecer no seu tempo, pipocando em ideias pelo mundo. Olhe a sua volta e visualize cada vez mais canais de comunicação, veja o indivíduo que não é da área também como criativo em um mundo que não para de mudar. Imagine isso potencializado ao cubo. A transformação começou lenta, mas chegamos aqui. O consumismo não é desenfreado. É extremamente consciente e saudável. As nações acordaram para o mesmo objetivo: a renovação para a plenitude do nosso planeta. Daqui de onde falo, há mais respeito entre as pessoas, mais preocupação com o próximo e uma comunicação mais focada na generosidade em todos os sentidos. O ser humano foi desenvolvendo a sua moral, assim como foi aprimorando os avanços tecnológicos. Se você pudesse olhar um pouco o que está acontecendo aqui em diversos campos, iria se impressionar. Coisas que hoje aí parecem sobrenaturais, nada mais são do que naturais do lado de cá. Só que está na hora de despertar um pouco mais rápido para enxergar mais adiante.

Com licença, vou tomar um café neste momento. Sim, em 2076 ainda tomamos cafezinho. Ops, está muito quente ainda. Queria que você visse o que está acontecendo com a tecnologia, com o avanço da medicina, com os novos caminhos da educação, com as descobertas da física e da química, enfim, são tantas coisas que poderíamos ficar falando por anos. Mas o convite foi para apenas situar sobre o futuro da comunicação que você ainda não consegue visualizar tão bem agora. Digo o que é permitido dizer, afinal, não posso contar tudo porque é preciso que cheguem até aqui com as próprias pernas, mas muita coisa se transformou. A realidade virtual se tornou amplamente real, as conexões, extremamente imediatas, e tudo que traz bem-estar e conforto foi colocado à disposição de todos. E, acima de tudo, está o respeito de um ser humano pelo outro. Aqui, o pensamento constante gera em torno disto: "Amar ao próximo como a si mesmo". Parece antigo, não? Mas é mais atual do que se imagina. A minha busca pessoal é respeitada por todos, desde que ela seja uma busca para o benefício de todos.

O que acontece agora é uma transformação mais drástica nos modelos já vivenciados até o momento em que você vive. A soberba dá lugar à humildade porque ninguém quer se sobrepor a ninguém. Entendemos que o todo precisa estar harmonizado para cada um estar no seu equilíbrio pleno e perfeito porque cada ponto do planeta em desarmonia também desarmoniza o restante. A natureza não está fora de nós, como muitos ainda pensam aí nesse seu tempo. A natureza faz parte de nós. Olhar para si é ver o outro como espelho e é enxergar o amor universal como um padrão vibratório. Tudo que fugir para uma distorção vai causar desequilíbrio.

Claro que você deve estar se perguntando: "E a publicidade?". Ah, a publicidade do jeito que você conhece hoje já não existe mais. Ela se transformou tanto que chega a ser difícil explicar o que aconteceu completamente. E pode ter certeza: a moral é a base de tudo em qualquer momento. Ninguém fica satisfeito em ter um prato de comida se o vizinho não puder comer. Tudo é pensado no plano total. Sem falar nos contatos com os irmãos de outros planetas que já acontecem há alguns anos. O quê? Com o tamanho deste Universo, você ainda acredita que tenha vida somente na Terra? Ah, se você pudesse visualizar o que estamos vendo aqui, diria que é uma grande mentira ou uma ficção científica. Mas faz parte do processo. Entendemos que a humanidade do seu tempo ainda não está preparada para andar na mesma velocidade da humanidade de 2076, como essa também está distante de outras civilizações ainda mais evoluídas. "A cada um conforme suas obras". Anime-se. Tudo está a caminho. O planeta que você sonha agora não é um sonho somente seu. Muitas pessoas estão trabalhando neste exato momento para essa evolução. Invista algum tempo, se for possível, no voluntariado, em algum lugar que ajude o próximo ou, se preferir, sem precisar ir a lugar algum, tendo esse compromisso de olhar seu dia com mais benevolência. E ajudar o próximo pode ser com um pão feito de farinha e água ou com um pão espiritual, que surge a partir de uma palavra de amor. Porque, auxiliando o outro, você estará ajudando a você mesmo.

Em relação às marcas que a publicidade contribui para construir, pode ter certeza de que as mais plenas não são as que retornam parte de seus investimentos em publicidade, mas na construção deste mundo sustentável. Ninguém aqui usa uma camisa com uma marca específica para parecer se sentir em um grupo determinado ou em um patamar acima dos outros. Pelo contrário, essas marcas que vendem essas exclusividades de emoções passageiras deixaram de existir há muito tempo. Muitas perceberam antes de outras que o mundo caminhava para isso e mudaram suas filosofias para a própria moral da marca. Não basta anunciar, é preciso colaborar.

Olhando daqui, vemos o que ocorre hoje aí no seu mundo e é fundamental avançar. Não são tantas as empresas em que as pessoas têm muito prazer em trabalhar, porque são metas em cima de metas, na busca desenfreada das vendas, do consumo pelo consumo, nesta máquina que não anda direito e muita gente já percebeu. Crescer apenas por crescer não é a saída para vocês neste momento. A mensagem é "pensar no outro como você gostaria que pensassem em você". Isso vale para pessoas e para empresas também. A fome desenfreada de matar o concorrente só leva ao abismo. Veja a publicidade como uma grande ferramenta, que um dia teve seu início, se transformou, mas foi morrendo na maneira que você está acostumado a enxergá-la. E se acostumar com isso talvez seja a melhor oportunidade de descobrir novos caminhos para você mesmo.

Outro detalhe importante que vale a pena salientar neste mundo que está devorando tantos empregos é olhar para as marcas e analisar com mais profundidade como elas agem internamente. Uma empresa, por exemplo, que tenha comerciais lindos, com mensagens emocionantes e uma bela produção pode tocar a alma do consumidor por saber o caminho da sua lágrima. Diante disso, tente racionalizar. Respire fundo. Inspire bem e solte o ar pela boca. Faça isso três vezes e fique tranquilo. Pronto, agora vamos olhar para essa empresa que fala tanto em emoção, mas na prática muitas vezes age de maneira completamente diferente. Alguns dizem que é uma empresa de sucesso. Mas é um sucesso de quem? Para quê? Com qual finalidade? Olhar para uma tela quadrada e ingerir tudo que aparece inocentemente é um perigo para os seus próprios dias. Uma mentira, quando contada muitas vezes, até pode parecer verdade, mas não aqui em 2076. As pessoas chegaram em outro patamar de consciência como espécie. As faixas vibratórias de padrão pouco elevado ainda existem, mas sucumbem facilmente porque a grande maioria está acima, em um alto padrão de pensamentos salutares. Não é interessante fazer com que a massa seja ignorante como acontece muito nos dias em que você vive.

Nesse tempo que nos separa, muita coisa mudou. As marcas, do jeito que você conhece, morreram e renasceram de outra forma. Elas se reinventaram pelo seu lado mais puro, daquilo que é visto com elegância, com sinceridade e pelo que faz em prol da sua própria história e da história das pessoas. Construir tudo isso não foi nada fácil. Muitos desafios e pedras apareceram pelo caminho de cada profissional da publicidade, de departamentos de *marketing* e tantos outros ligados a essa área. Aí pode surgir a pergunta: "As marcas mudaram porque as pessoas mudaram? Ou as pessoas mudaram porque as marcas mudaram?". Sinceramente, não existe um ponto de virada em que podemos dizer com exatidão como começou e por quem foi iniciado. Tudo foi gradual, até virar uma grande bola de neve. A balança, que estava desequilibrada para um dos lados, que era o da ilusão, do vender por vender e do "agora ou nunca", se transformou em dias mais saudáveis. A humanidade venceu como um todo, entendeu a sua real significância e a oportunidade de ver o outro como um irmão ou irmã. De onde falo agora, a Terra agradece. O mundo respira aliviado. O consumismo desenfreado e paranoico deu lugar a um mundo mais tolerante e completamente justo. Você sabe do que eu estou falando porque também já está espiando entre a fresta e consegue visualizar a minha casa aqui em 2076. Por sinal, pode chegar. O café já está no ponto.

QUAIS SÃO TODAS AS RESPOSTAS?

Depois de tudo que abordamos em pontos e subpontos, alguém pode querer respostas conclusivas para o que foi exposto. Mas que respostas seriam essas? Sinceramente, não sei. O que mais acumulei ao longo do tempo em que vivi na publicidade e durante a escrita deste livro foram mais e mais perguntas. E isso, na minha modesta opinião, é muito bom. Quando acreditamos ter todas as respostas, a Terra pode parar de girar, pois já chegamos ao ponto mais alto da montanha. Só que é justamente o contrário, afinal, quando chegamos lá no alto, vemos que existem infinitas montanhas a serem exploradas. Sabemos pouco, muito pouco mesmo. Dizer que "não se sabe" incomoda alguns porque fere o ego, mexe com o orgulho. Temos a mania de querer saber tudo e de ter as respostas para todas as perguntas. Quando entramos nessa roda viva de acreditar que sabemos, estamos inflando o nosso ego com o medo. O medo de dizer: "Não sei responder". Seria melhor assumir que não sabe e tentar achar a resposta. Ou mesmo, se não houver resposta, esperar que, na caminhada, ela talvez apareça.

Os assuntos tratados neste livro foram abordados sob o ponto de vista do caminho profissional que trilhei e com base na estrada de muitas pessoas. Mas ele também tem uma mão dupla que permite a volta, a abordagem de pessoas que concordam somente em parte ou em nada com o que foi dito. Isso configura a liberdade de pensamento e a troca de ideias para a construção de um mundo melhor. Fique à vontade e sinta-se como um participante desse debate sobre processos de trabalho, sobre o que queremos agora, o que pretendemos para o amanhã e se existe outro jeito de construir essa publicidade ideal. Claro que para esse debate não podemos convidar apenas publicitários e profissionais de todos os segmentos da comunicação. É fundamental abrir espaço para mais pessoas, entre elas, psicólogos, filósofos, psiquiatras, indivíduos ligados a movimentos sociais, pessoas de diferentes idades e classes sociais distintas. Com certeza, o debate se torna mais rico em todos os seus aspectos.

Neste instante, em uma grande sala, um mediador isento dá três batidas com o dedo no microfone para ver se o som está funcionando. E começa a ler as perguntas já formuladas por alguns participantes:

– Por que a necessidade desse consumismo desenfreado?

– Se a publicidade está chegando ao ponto de saber até mesmo o que o cliente pensa, os *sites* que visita e o que deseja, de certa maneira, ela não está sendo uma vigia não convidada da vida dessa pessoa que nem imagina o quanto seu perfil já está traçado e visualizado?

– Quem perderia se o mundo mudasse o seu jeito de fazer e viver a publicidade: os grandes anunciantes ou os pequenos?

– Os prêmios, além, obviamente, de serem balizadores da criatividade, não tornam um adulto do setor aquele menino que nunca cresce e está sempre pronto para dizer: "Mãe, fui eu que fiz"?

– Quando criamos a cultura do consumismo fortalecendo a "adultização" das crianças, não estamos de certa maneira perpetuando uma sociedade que já está ultrapassada no caminho que foi trilhado até aqui?

– A publicidade imita a arte? A publicidade imita a vida? A vida e a arte também imitam a publicidade? Isso tem alguma consequência?

– Você que trabalha com publicidade, além das campanhas sociais que já fez, tem orgulho da sua trajetória e de tudo que fez até aqui? Ou também ajudou a impulsionar esse consumismo desenfreado?

– As pessoas precisam tanto da publicidade como ela é atualmente, focada na persuasão da mente e nos conceitos estabelecidos?

– A publicidade vai continuar existindo em 2076? Ainda vamos estar aqui em 2076?

– Você acredita em vida em outros planetas? Se a resposta é sim, como deve ser essa vida e a publicidade nesses lugares?

– O que você acha das ideias nascerem em qualquer lugar e não serem mais exclusividade de um departamento de agência chamado Criação?

– Você acha que o orgulho predomina nas pessoas que trabalham com publicidade ou é a humildade que fala mais alto?

– Por que tantos publicitários se sentem desconfortáveis com o que acontece na publicidade?

– Por que tantos publicitários buscam cada vez mais os seus planos B de vida? Você busca viver o seu plano B?

– Quem acredita que tudo que envolve a publicidade está bom é quem ganha mais dinheiro com ela? Ou apenas acredita realmente que ela é perfeita e não precisa mudar?

– Você acredita nessa mudança de pensamento para um consumo mais consciente?

– Por que você acha que as pessoas têm tanto medo de mudanças?

– Você acredita que é melhor estar focado exclusivamente no trabalho ou pausas maiores com a família são mais importantes?

– A publicidade é o combustível do consumismo, como já foi tratado neste livro?

– Se queremos deixar algum legado para o mundo e para as gerações que vêm depois de nós, o que estamos deixando está bom o suficiente ou estamos vendendo muitas ilusões?

– Qual seria o mundo ideal para você?

– Neste mundo ideal, qual seria o papel da publicidade? Como ela atuaria? De que maneira anunciaria? Com essas mudanças, a criatividade seria limitada?

– Algumas pessoas dizem que o grupo do politicamente correto está tornando mais difícil criar de maneira livre como era antigamente. Isso é bom ou é ruim?

– Você acredita que a maioria das pessoas que assistem somente à TV aberta no Brasil é formada por consumidores inteligentes ou com pouco conhecimento e cultura?

Para o sistema continuar funcionando, é bom que as pessoas aprendam com a educação ou continuem ignorantes?

– O que você acha do ator ou atriz que faz um comercial testemunhal dizendo "Eu uso este produto..." quando, na verdade, nunca usaria aquele produto?

– Você concorda com o italiano Oliviero Toscani, quando ele diz que "a publicidade é um cadáver que nos sorri"?

– Se você, publicitário, pudesse visualizar o seu tempo futuro e o seu último dia de vida neste plano, teria orgulho em dizer: "Minha profissão sempre trouxe um grande benefício para a humanidade"?

– O que você acha daquele publicitário que faz campanhas eleitorais para qualquer partido político, mesmo que não concorde com o que é apresentado?

– Como você acredita que dá para trabalhar daqui para a frente?

– Se você tivesse sugestões para que todo o setor começasse a trabalhar a partir de outro prisma, quais seriam suas ideias?

– Como você pode mudar internamente para que a sua vontade seja exemplo para mais pessoas?

– Como seriam as suas cartas abertas para empresários e Diretores de Marketing?

– O ter x ser traz que significância para você?

– Você se considera espiritualizado? O que isso muda na sua vida e nos seus pensamentos quanto à publicidade?

– Você tem mais respostas ou mais perguntas?

O mediador deixa o microfone ligado e sai de cena. O palco está vazio. Mas as perguntas podem continuar sendo feitas a qualquer instante.

O LADO BOM DA PUBLICIDADE

Pronto. Depois de termos discutido bastante sobre a publicidade e seu lado negativo, podemos abrir a conversa para o lado bom de tudo que também é proporcionado por esse digníssimo setor. Olhando o lado positivo, graças à publicidade somos informados sobre produtos, serviços, novos lançamentos e conteúdos gerados com criatividade. Através da publicidade, novos pensamentos podem ser despertados, novas escolhas podem ser definidas e diversos segmentos podem se beneficiar desse trabalho que ajuda a gerar empregos e a movimentar a economia. Se de um lado criticamos, de outro aplaudimos fortemente. Muitas campanhas, diversos comerciais, simples anúncios, ideias que se tornam virais e tudo que é inteligente pelo lado bom têm a grande capacidade de mobilizar, despertar a curiosidade e permitir que as pessoas escolham com liberdade. Campanhas sociais muito criativas, por exemplo, têm o poder de tocar muitas pessoas, de fazer pensar e de mudar comportamentos. Podemos citar campanhas pelo trânsito mais seguro, pelo fim da violência contra as mulheres, pelas causas ambientais, para as instituições filantrópicas e tantos exemplos que têm a publicidade como grande colaboradora.

Ao longo da história, podemos visualizar a força dessa comunicação que faz rir, faz chorar, faz pensar, se torna assunto nas rodas de amigos, na conversa dentro do táxi e está presente a cada instante. São ideias que podem mover o mundo. E realmente movem. Para cada trabalho, existem mil maneiras de contar a mesma história. Se pegássemos um *job* e distribuíssemos para diversos criadores e pessoas do setor de todas as áreas ao redor do planeta, para a mesma ideia teríamos vários caminhos. E muitos deles seriam geniais. Essa beleza e encantamento se fazem diferentes também a cada trabalho, quando o dia de hoje é distinto de ontem, que será diferente de amanhã. São clientes diversos, pedidos de trabalhos únicos, muitos canais de distribuição e formas infinitas para construções. A criatividade é linda pela sua essência.

Como a publicidade não é a protagonista de tudo, ela não pode ser responsável por tudo. Por isso, é importante a visualização da sociedade como um todo, o que deseja e aonde quer chegar. Se a publicidade alimenta o sistema e utiliza as suas ferramentas para construir algo, está em funcionamento por um projeto maior, que está sendo aprovado pelas próprias pessoas. Então, a ideia não é destruir o ganha-pão de tanta gente, o setor que brilha em muitos pontos, que é pujante e tem nas mãos grandes possibilidades de levar o mundo a um patamar mais elevado em sua moral. Se desejamos que você pense sobre os muitos aspectos abordados até aqui, o convite é para lembrar das ideias sensacionais que você já visualizou. Pode ser um comercial de televisão, um viral que chegou através de um amigo ou o que a sua mente lembrar. Poderíamos citar milhares de exemplos que marcaram de um jeito ou outro, antes de tudo, pela criatividade. Ideia ruim morre na hora, antes mesmo de ir para a rua. Ideia boa se espalha e é lembrada muitos e muitos anos depois. Aqui estamos falando das ideias inteligentes, que não ofendem, que trazem o bom humor, a leveza, despertam a sensibilidade e mexem com a emoção. Alguém neste instante pode afirmar, como dito anteriormente: "Então, a culpa de tudo que foi falado até agora não é da publicidade como um todo. É da publicidade ruim apenas". Não podemos concordar com essa afirmativa, pois a boa publicidade também pode ter os seus malefícios. Nessa dialética filosófica, pode vir a resposta: "Então, se traz malefícios não é boa". *Ok*, analisando por esse lado, não é boa mesmo. Mas, no sentido de a ideia ser forte, bem produzida e se espalhar com facilidade, ela pode ser boa na intenção, mas ruim nas consequências, que muitas vezes nem ela imagina quais serão. Para muitos, a ideia de Hitler era boa, tanto é que ele chegou aonde chegou. No entanto, o mundo sofreu, pessoas morreram e a história nunca vai esquecer essa época sombria da humanidade.

Trazendo o sol para novos horizontes, pretendemos focar aqui em tudo que merece ser aplaudido, porque, se em algum momento a publicidade é o cadáver que nos sorri, em outros momentos, não. Apesar de grande parte deste livro seguir contra a correnteza, não é sua intenção extinguir tudo com uma foice, finalizando conversas e encerrando discussões. Justamente por entender que, se tal área é tão benéfica por muitos lados, é o lado sombrio que precisa ser iluminado. Se parte deste capítulo é olhar pelo prisma de tudo que é agradável, a valorização é inerente e o destaque vai para todos que constroem esse setor com ética, moral e discernimento. Ao longo da minha trajetória, conheci pessoas brilhantes, com um profissionalismo impecável, com quem aprendi muito. Esse capítulo segue em homenagem a todos que fizeram das suas histórias grandes exemplos.

Não me arrependo da minha trajetória e de tudo que aconteceu até aqui. Já pensei nos meus planos B. Talvez hoje tivesse escolhido a psicologia e não a publicidade para cursar, pois acho uma área fascinante. Mas, se eu mudasse a minha trajetória lá atrás, será que hoje estaria escrevendo este livro? Acredito que não. Então, como passei muitos anos de minha vida neste mundo da comunicação e da publicidade, posso dizer: trabalhar com criação é muito bom. A publicidade tem o seu lado de muita luz. E por isso, neste ponto, eu bato palmas. Alguém, nesta altura do livro, pode perguntar e querer avaliar toda a minha trajetória e os meus trabalhos para colocar em uma balança e analisar se o que eu digo traz muito do que eu fiz. E posso dizer com tranquilidade: já acertei e já errei. E isso é relevante, porque "o homem que julga infalível a sua razão está bem perto do erro", como diria Allan Kardec.

RESPEITANDO O PRATO EM QUE COMI

Escrever este livro não foi nada fácil. Talvez você não consiga dimensionar as minhas certezas e as incertezas em fazer algo neste sentido. Mas, cada vez que fui ao meu encontro, entendi que parte da minha história foi justamente caminhar por esta profissão com muito respeito e dignidade, mas chegando a um ponto em que muitas verdades teriam que ser colocadas para fora e divulgadas não somente por mim, mas por todos que pensam da mesma forma. Aproveitar todo o embasamento durante anos de trabalho dentro de agências de publicidade foi fundamental para mostrar um lado que quase nunca é desnudado. Escrevendo este livro, não estive em momento algum me isentando de também errar em muitos pontos, de também achar que não é fácil sair dessa roda de consumismo exagerado e olhar com novos olhos aquilo que só via com olhos já cansados. Só que, a cada palavra, imagens percorriam minha mente com a certeza de que o futuro na Terra também vai passar por essa transformação neste importante setor da economia.

Claro que a publicidade sozinha não tem culpa por tudo o que acontece. Como foi dito anteriormente, é o setor que fez parte da minha vida todos os dias. Incansavelmente, durante um bom tempo, era o que eu respirava. Aproximadamente, por mais de 20 anos, atendi diversos clientes, de todos os tipos e portes. Não poderia falar sobre qualquer outra profissão por total falta de conhecimento. Então, segui o meu coração e espero que outras pessoas venham comigo nesta jornada daqui em diante, em pensamentos, atitudes e posicionamentos mais firmes. Sei que muitos serão totalmente contra, alguns ficarão despertos, tentando saber como se posicionar, e outros serão a favor, mas isso não tem mais a ver com a minha história. A minha parte da missão se cumpre quando eu encerrar logo adiante em um ponto final. Era preciso vir até um pedaço deste "inferno", que também tem sua parte de "céu", para mostrar o que está errado. Se a evolução de cada um está na própria visão do que precisa ser melhorado, com todas as profissões pode acontecer o mesmo. É necessário pensar globalmente, mas com foco nos problemas locais. Como funciona a publicidade no Brasil, que é um celeiro de criativos e de grandes talentos? Essa mudança não pode começar por aqui? É pretensão demais? Acredito que nada é pretensioso se traz na sua essência a verdade. Se a publicidade é um cadáver que nos sorri, então que ela volte a reviver diferente, passando pelo divã, nas conversas informais, no bate-papo entre amigos na hora do café, mas que não fique isenta do seu comprometimento com a vida e com todas as pessoas.

Tudo que foi exposto neste livro pode doer um pouco, mas é uma dor que vem com um fim específico: a cura. Sem pensar no exagero, mas analisando friamente aquilo que desejamos daqui por diante para as nossas vidas, seja no trabalho, seja fora dele. Que as relações se abram com novas energias, mais puras e com vibrações mais altas. Vamos transformar a Terra de hoje na Terra que queremos. Para isso, a sua mente é convidada a participar dessa festa. Ela é aberta a todos. Vamos visualizar o que vemos logo ali, no próximo intervalo. Vamos abrir a conversa, analisando programas de auditório, novelas que trazem tantas maldades, *reality shows* bizarros e essa manipulação das pessoas que ainda acontece muito. Se o pão e o circo também rodam na nossa querida publicidade, que sejam extintos. E isso não é virar o prato em que comi. Pelo contrário, é querer que ele seja o mais saudável possível. E isso é viável? Acredito que sim. Quando criança, lembro que não existia uma preocupação grande com a separação do lixo seco e orgânico. As crianças de hoje já fazem isso tranquilamente. Se as mudanças valem para muitos pontos da vida, é possível visualizar tudo isso como algo mais sadio. Nessa escalada, não tem como descer, a gente precisa continuar subindo. E essa subida tem que ser cada vez mais com amor, porque muitas pessoas ainda estão pisando umas nas outras, na busca desenfreada do dinheiro e do sucesso.

Nenhuma mudança acontece abruptamente do dia para a noite, por isso muitas percepções talvez não sejam tão claras ainda. Quando estivermos em um futuro próximo, muito já vai ter sido alterado e novos pensamentos vão ganhar força. Novas gerações estão surgindo, com suas dúvidas, com seus problemas e suas soluções. O que já trouxe a publicidade até aqui é louvável em muitos sentidos, e também triste em outros. Quando se decide mexer em um abelheiro, necessita-se de cuidados. Sei que ferrões podem surgir de alguns lados, mas a finalidade é o mel. Podemos ter olhares completamente diferentes para o mesmo ponto, apesar de uma coisa ser certa: não tem como ficar neutro. Continuar a pensar da mesma maneira é somente protelar várias questões que precisam ser discutidas agora. Não tem como se isentar de pensar e apenas querer atravessar o rio porque sabemos que barcos vêm atrás de nós com nossos filhos e netos. Temos a responsabilidade total de querer melhorar, mesmo que não mudemos completamente, mas saibamos aonde queremos chegar e comecemos a caminhar. Tudo é uma questão de coerência, e é por essa coerência que os próximos segundos serão definidos. As marcas têm que entender mais rapidamente todas as mudanças e acompanhar o mundo que se aproxima com tantas ideias novas. É necessário se reinventar de muitas formas.

Na vontade de escrever este livro, meu coração foi colocado acima de tudo. Gostaria de transformar muitos pontos que estão em desalinho, mas não tenho esse poder sozinho. E nem mesmo essa pretensão. Só que eu não estou sozinho. Você está aí. E tenho certeza que, em algum ponto, alguma história ou intenção tocou aquilo que você acredita. Se a publicidade chegou até aqui criando, reinventando e sempre fazendo diferente, talvez seja a hora de avançar um pouco mais.

DO OUTRO LADO DO MURO

Demorei muito tempo para começar a escrever este livro. As ideias borbulhavam por todos os lados em todos os instantes, mesmo quando trabalhava dentro das agências. Apesar de a publicidade ter todo esse lado importante da comunicação, o outro lado do consumismo desenfreado sempre foi um ponto da minha inquietação, porque, quando desenvolvemos a nossa espiritualidade, vemos dois pontos se confrontando direta e silenciosamente. A questão do ter de maneira incontrolável e abusiva começa a incomodar, causa desconforto quando se sabe que muitos não têm quase nada. Então, no meu mundo interno, vivia uma dualidade.

Quando estava na faculdade, não tinha a ideia de que um dia estaria escrevendo um livro dessa maneira e com um objetivo que, de certa forma, vai contra a corrente, se torna o cisne negro quando todos parecem brancos. Estou respaldado pela minha consciência em deixar isso por escrito. Porque, sobre a publicidade em si, existem muitos livros com os assuntos mais diversos. Este segue um caminho na contramão, de certa maneira colocando o dedo na ferida que muitos fingem não existir ou não querem que os outros vejam. Precisamos olhar no espelho friamente, sem medos ou pudores, e muito menos com os olhos que alguns querem que a gente continue tendo. Pense por si mesmo, crie a sua concepção daquilo que acredita ou pensa acreditar e não siga apenas as placas já determinadas.

Porque eu não quero lavar as minhas mãos no livre-arbítrio das pessoas fazendo campanhas políticas de qualquer partido só pelo dinheiro e fomentando as belezas perfeitas quando muitos se suicidam justamente por não se sentirem incluídos neste mundo que dita as regras que parecem ser as certas. Sinceramente, não quero isso para mim.

Em algum ponto da minha história, continuei sendo publicitário, sem problema algum. Só que também comecei a ver um pouco mais o outro lado do muro. Ali onde estão os holofotes para desviar o olhar para o lugar que se quer, nos bastidores das cenas. Vivenciar o outro lado da história também é se colocar à disposição para enfrentar uma corrente de pensamentos que é forte, mas não é única. Este livro não traz fórmulas, remédios com bulas prontas e muito menos a solução de todas as questões levantadas. É preciso arregaçar as mangas e as mentes para continuar em novos rumos, desbravando novas terras e maneiras de fazer. Quero que as ideias presentes aqui pulsem também em mais pessoas. Porque, se continuarmos trilhando a mesma estrada desse consumismo frenético e estimulando um mundo que vive demasiadamente esse lado, corremos o sério risco de nos tornarmos uma humanidade cada vez mais estressada, ansiosa e doente das mais diversas maneiras. Somos todos agentes dessa mudança, a cada momento, no dia a dia de cada um.

Peço licença para contar uma experiência profissional, não para me vangloriar, apenas como exemplo. Certa vez, fazendo parte de uma grande agência de Porto Alegre como redator, fui convidado para ser Diretor de Criação de outra agência. Acabei aceitando o desafio. Apesar de saber que um dos clientes era uma fábrica de armas de fogo, não fiquei incomodado com a situação. Alguns dias depois, começando a me inteirar de todos os processos e lendo sobre os materiais do cliente, aquilo que incomodou de uma maneira absurda. Não estou dizendo aqui que a agência ou os profissionais estão errados em fazer os materiais ou atender o cliente. Quero dizer que as pessoas que trabalham com publicidade precisam encontrar as suas verdades e ser impecáveis com aquilo que são. No caso, foi um ponto de completa tensão para as minhas verdades, porque acredito em um mundo cheio de amor e com menos armas. Então, aquilo não fazia parte do meu mundo. E respeito se faz parte do mundo de alguém. A pressão da minha alma e dos meus sentimentos foi tão forte que acabei pedindo demissão para deixar de ser Diretor de Criação e voltar a ser redator, no caso, em outra grande agência de Porto Alegre. Um cargo mais baixo, mas um sono ao final da noite que não tinha preço. O travesseiro me dava os parabéns por estar sendo aquilo que eu realmente era.

Isso não pretende ser uma lição sobre nada e muito menos para alguém, somente um fato ocorrido na minha trajetória profissional e que marcou a minha vida naquele momento. Se pudesse voltar no tempo, teria tomado a mesma atitude. E é isso que vejo neste instante, ao escrever essas linhas. Espero que, quando já tiver desencarnado, vivendo em outro lugar, de outra maneira, tenha a mesma certeza que tive naquela época. A certeza de que fiz o que tinha que ser feito.

VOCÊ ESCREVE A PARTIR DE AGORA

Chegamos ao fim de um novo começo. Esta é uma história que permite ser continuada nas próximas páginas e para sempre. Pegue uma caneta e faça algumas anotações. Coloque os pontos que chamaram a sua atenção, busque aqueles com os quais você concordou, outros com os quais discordou e participe ativamente da construção deste novo caminho. Se você trabalha em agências de publicidade, empresa digital, produtoras de vídeo ou áudio, é Diretor de Marketing, cliente, consumidor ou trabalha de alguma forma com comunicação, está convidado a redesenhar esse modelo que viemos executando. Se é profissional de outra área, o convite está feito da mesma forma para analisar e aprofundar tema tão intenso e complexo. Não temos um *software* pronto que, ao ser instalado, traz facilidade e faz tudo sozinho. Estamos juntos nessa busca e colocar as suas ponderações é de extrema importância para que você se identifique com os próprios pensamentos e com tudo que vivencia no seu dia a dia. É o seu coração dizendo: vamos lá, vamos colocar essas novas ideias em pé. Quem quiser, que venha junto. Agora, não tem como voltar.

Mãe e pai, obrigado pela vida. Obrigado pelo presente que ganhei lá na infância. Aqui, o boneco se movimenta como nunca. E, neste instante, tudo faz sentido. Graças a Deus!

Rabisque. Escreva. Faça seus comentários. Exercite a sua reflexão. Você faz parte desta história.

Capa e projeto gráfico: Marco Cena
Revisão: Sandro Andretta
Coordenação Editorial: Maitê Cena
Produção editorial: Bruna Dali e Jorge Meura
Assessoramento gráfico: André Luis Alt
Foto da capa: Otávio Fortes

Dados Internacionais de Catalogação na Publicação (CIP)

B931e Bührer, Fábio Craidy
           Eu, a publicidade e um divã. / Fábio Craidy Bührer. –
      Porto Alegre: BesouroBox, 2017.
         176 p. ; 14 x 21 cm

         ISBN: 978-85-5527-060-4

         1. Publicidade. 2. Propaganda. 3. Comunicação de massa.
      I. Título.
                                  CDU 659.1

Bibliotecária responsável Kátia Rosi Possobon CRB10/1782

Direitos de Publicação: © 2017 Edições BesouroBox Ltda.
Copyright © Fábio Craidy Bührer, 2017.

Todos os direitos desta edição reservados a
Edições BesouroBox Ltda.
Rua Brito Peixoto, 224 - CEP: 91030-400
Passo D'Areia - Porto Alegre - RS
Fone: (51) 3337.5620
www.besourobox.com.br

Impresso no Brasil
Outubro de 2017